초판 인쇄	2024년 05월 20일
초판 발행	2024년 05월 25일
글쓴이	박남희
그린이	모차
펴낸이	이재현
펴낸곳	리틀씨앤톡
출판등록	제 2022-000106호(2022년 9월 23일)
주소	경기도 파주시 문발로 405 제2출판단지 활자마을
전화	02-338-0092
팩스	02-338-0097
홈페이지	www.seentalk.co.kr
E-mail	seentalk@naver.com
ISBN	978-11-987574-2-5 74810
	978-11-987574-1-8 (세트)

ⓒ 2024, 박남희, 모차

• 저작권법에 의하여 한국 내에서 보호를 받는 저작물이므로 무단전재 및 복제를 금합니다.
• KC마크는 이 제품이 공통안전기준에 적합하였음을 의미합니다.

| 모델명 | 우리 반 링컨 | 제조년월 | 2024. 05. 25. | 제조자명 | 리틀씨앤톡 | 제조국명 | 대한민국 |
| 주소 | 경기도 파주시 문발로 405 제2출판단지 활자마을 | 전화번호 | 02-338-0092 | 사용연령 | 7세 이상 |

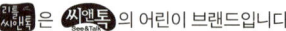은 씨앤톡의 어린이 브랜드입니다.

우리반 링컨

에이브러햄 링컨, 갈등의 중심에 서다!

박남희 글 | 모차 그림

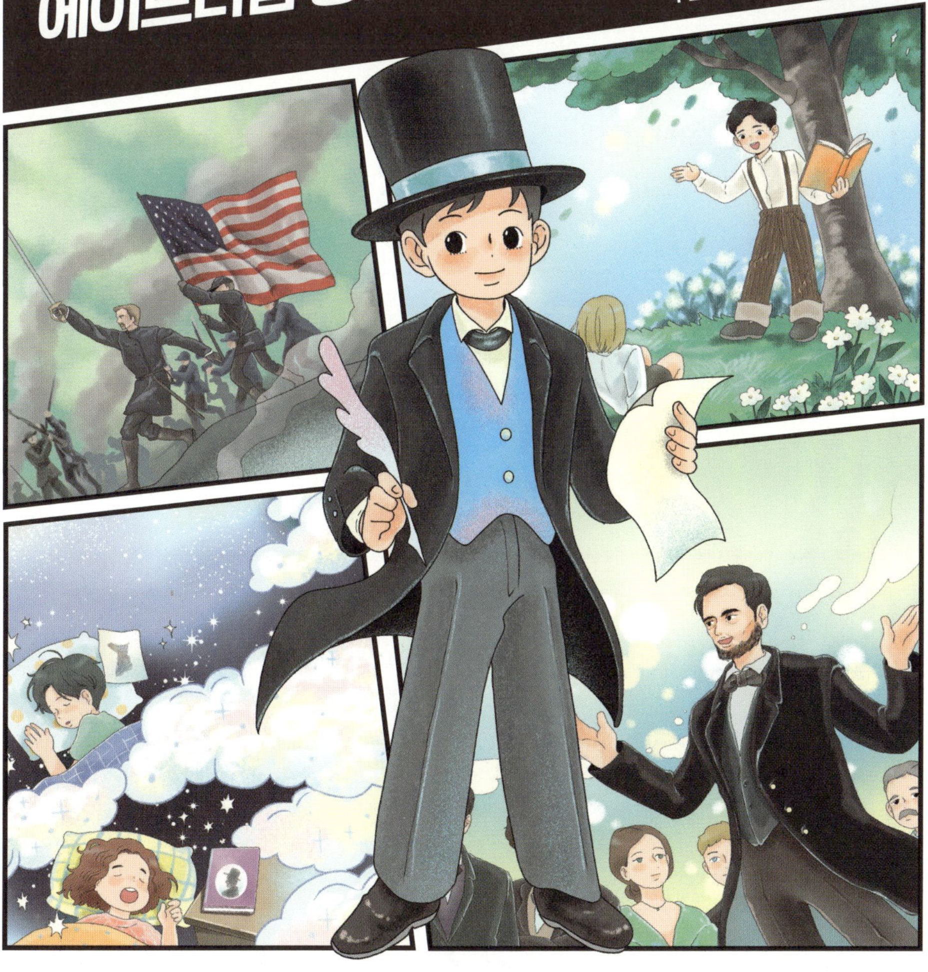

리틀씨앤톡

차례

포드 극장의 총성	**007**
오리건으로 살기	**020**
지우와 창해 사이	**034**
둘 중 하나	**042**
지우의 비밀	**057**
팽팽한 갈등 사이에서	**070**

흔들리는 지우	**093**
창해의 비밀	**103**
이벤트	**121**
북쪽으로	**141**
작가의 말	**158**

포드 극장의 총성

　폐허가 된 남부를 어떻게 다시 건설할 것인가에 대한 의제로 오전 국무회의를 마쳤다. 얼마 전까지 아들의 입대 문제로 자주 다투었던 메리와 저녁을 먹고 산책을 했다. 드디어 미국이 하나가 되었다는 마음과 더 이상 젊은이들을 전쟁터에 내보내지 않아도 된다는 안도감이 들어서인지 우리는 오랜만에 다정한 시간을 보냈다.
　산책 후에는 결혼을 앞둔 소령 부부와 함께 포드 극장으로 향했다. 〈우리 미국인 사촌〉은 가장 인기 있는 연극이었다. 극장 안에는 많은 시민들이 있었다. 나는 시민들과 눈인사를 나누고 이층 전용석에 자리를 잡고 앉았다.

소령 부부 옆에 메리와 내가 나란히 앉았다. 경호원에게 아래층에 내려가 연극을 봐도 좋다고 했다. 경호원은 몇 번이나 괜찮다고 했지만 나는 기어코 그를 내려보냈다.

정말 오랜만의 휴식이었다.

햇수로 5년이었다. 5년이나 계속된 남북전쟁이 겨우 끝나고 이제는 진정한 연방의 나라가 탄생하는 것이다. 앞으로 할 일이 태산이었다.

연극이 시작되고 얼마의 시간이 흘렀을까. 우리는 연극에 푹 빠져 있었다.

탕!

연극이 무르익어 갔을 즈음, 극장 안에 총소리가 울려 퍼졌다.

무대 위인지, 관중석에서 인지 모를 귀청을 때리는 총소리였다. 그런데 연극 무대가 아니었다. 내 머리에 총알이 박힌 것이다.

"악!"

극장 안은 대혼돈이었다. 의식이 점점 희미해졌다.

'이제 겨우 5일 되었는데……. 앞으로 하나가 된 미국을 위해 해야 할 일이 많은데…….'

머릿속에서 지난 5년간의 일들이 주마등처럼 스쳤다.

남부와 북부뿐 아니라 서부에도 미국 연방에 속하는 주들이 생겨났다. 그런데 서부의 주들 중 노예 제도를 허용하는 노예주인지 아닌지에 따라 의견이 팽팽하게 나뉘었다.

공화당 안에서도 남부 출신은 노예주 찬성을, 북부 출신은 노예주 반대를 하는 입장이었다.

나는 현재 노예제가 시행 중인 주 외에 연방에 속한 주들은 더 이상 노예제를 시행하면 안 된다고 주장했다.

남부는 노예제를 반대하는 내가 대통령에 뽑힌 것을 두고 불안해했다. 남부의 농장은 노예들이 없으면 목화농장을 꾸려 갈 수가 없었다. 한창 목화 수출로 큰돈을 벌고 있는 중이었다.

얼마 후 남부는 남부만의 대통령을 따로 뽑았다.

나는 미국이 둘로 나뉘면 안 된다며 남부를 설득했지만 남부 사람들은 노예제를 인정하지 않으면 절대 연방에 들어갈 수 없다고 했다.

나는 남부만이라도 노예제를 인정하고 연방을 유지해야 할지 고민했다. 의회에서는 여전히 노예제 반대 측과 찬성 측이 팽팽하게 맞섰다.

그러던 중 내가 대통령으로 취임한 지 몇 개월이 지나지 않아 남부군이 공격을 해 왔다. 첫 격전지는 섬터 요새였다.

1861년 4월 14일 남북전쟁이 시작된 것이다.

대통령실은 곧 전략회의실이 되었다. 전쟁이 시작되자 같은 공화당에서도 노예제에 대한 찬성 의견과 반대 의견은 더욱더 갈렸다.

전쟁은 젊은이들의 목숨을 앗아갔다. 남부가 전세를 잡고 진격을 계속하자 북부에서는 흑인 자유인들이 군대로 모여들었다. 그들을 보고 있자니 남부의 흑인 노예를 해방시켜야겠다는 의무감이 느껴졌다.

남부군과 북부군은 한 치도 물러섬이 없었다.

1863년, 전쟁 중이었지만 나는 노예 해방 선언을 했다. 이로써 남부는 더더욱 이 전쟁을 질 수 없었다.

북부에서는 흑인도 자유인이 될 수 있다는 말을 듣고 북부로 도망쳐 오는 남부 노예들도 생겨났다. 그 때문에 도망친 노예를 잡는 전문 사냥꾼들도 극성을 부렸다.

1863년 11월, 게티즈버그 국립묘지 봉헌식이 있었다.

게티즈버그로 향했고 난 그 참혹함에 눈을 감고 싶었다. 미처 수습하지 못하고 쓰러져 있는 젊은 군인들, 어린 소년들을 보자 가슴 속에 뜨거운 것이 차올랐다.

"아, 우리가 벌인 이 전쟁이 과연 이 아까운 젊은이들의 목숨과 맞바꿀 만큼 중대한 일인가?"

가슴이 찢어지는 것 같았다.

이제 내가 대통령으로서 해야 할 일은 이들이 더 이상 억울해하지 않도록 하는 일일 것이다.

나는 연단에 올라 한동안 모여 있는 사람들을 바라보았다.

애써 북받쳐 오르는 마음을 진정시켰다.

"87년 전, 우리의 선조들은 자유 속에 잉태된 나라, 모든 사람은 평등하다는 믿음에 바쳐진 새 나라를 이 대륙에 낳았습니다. 지금 우리는 그 나라, 혹은 그같이 태어나고 그 같은 믿음을 가진 나라들이 오래도록 버틸 수 있는가, 시험 받는 내전을 치르고 있습니다. 그리고 우리는 그 전쟁의 거대한 격전지가 되었던 싸움터에 모였습니다. 우리는 그 땅의 일부를, 그 나라를 살리기 위하여 이곳에서 생명을 바친 이들에게 마지막 안식처로서 바치고자 모였습니다. 이것은 우리가 그들에게 해 줘야 마땅하고 옳은 일인 것입니다. 그러나 보다 넓은 의미에서, 우리는 이 땅을 헌정하거나, 봉헌하거나, 신성시할 수 없습니다. 이곳에서 싸우다 죽은, 혹은 살아남은 용사들이 이미 이 땅을 신성하게 만들었으며, 우리의 미약한 힘으로는 더 이상 보탤 수도, 뺄 수도 없기 때문입니다. 우리가 지금 이 자리에서 말하는 것을 세상은 주목하지도, 오래 기억하지도 않을 것입니다. 하지만 그 용사들이 이곳에서 한 일은 결코 잊지 못할 것입니다. 우리, 살아남은 이에게 남겨진 일은 오히려, 이곳에서 싸운 이들이 오래도록 고결하게 추진해 온, 끝나지 않은 일에 헌신하는 것입니다. 우리들에게 남은 일은 오히려, 명예로이 죽은 이들의 뜻을 받들어, 그분들이 마지막 모든 것을 바쳐 헌신한 그 대의에 더욱 헌신하는 것입니다. 그것은 그분들의 죽음이 헛되지 않도록 하고, 신의 가호 아래, 이 땅에 새로운 자유를 탄생시키며, 국민의, 국민에 의한, 국민을 위한 정부가 지구상에서 죽지 않도록 하는 것입니다."

지금까지의 내 연설 중 가장 짧았다. 난 연단에서 내려왔다.

그 후 그랜트 장군을 총사령관으로 임명했다. 1864년, 나는 다시 대통령에 당선되었다. 내겐 전쟁을 빨리 끝내고 모든 사람이 평등한 미국을 만들 의무가 있었다.

북부군의 승리가 이어졌고, 그해 1월, 나는 '노예해방령'에 서명했다.

「독립선언문」은 분명히 모든 사람은 피부색에 상관없이 평등하다고 했다. 나는 이것을 위해 내 인생을 바치겠다고 다짐했다.

1865년, '수정헌법 제13조'에 노예제 금지를 명시했다. 이제 그 누구도 인간을 노예로 부릴 수 없다.

1865년 4월, 드디어 남부군의 수장 리 장군이 항복했다. 이로써 1861년 섬터 요새에서 시작된 남북전쟁은 막을 내렸다.

"지금까지 이 세상이 가졌던 통치자 중에서 최고의 통치자가 여기 누워 있다."

에드윈 스탠턴이었다. 그가 옆에 앉아 내 손을 꼭 잡고 있었다. 평소에 나를 '오리지널 고릴라'라고 부르며 사사건건 내 말에 반대한 사람이었다. 하지만 그의 재능과 능력은 의심하지 않았기에 난 국방장관에 임명했다.

내가 점점 죽어 가고 있다는 게 느껴졌다.

"링컨, 어때? 이대로 죽어도 후회 없겠나?"

낯선 이가 스탠턴 머리 위에서 날 내려다보고 있었다.

'누구지? 의원인가? 아니면 노예제를 찬성한 남부 사람인가? 나에게 따지러 온 건가?'

나는 희미한 기억을 억지로 붙잡으며 그가 누군지 기억해 내려고 했다.

"나? 당신에게 기회를 주고 싶은 사람? 아니 신? 아니 그냥 저승을 오가는 뱃사공이야. 카론이지."

"기회를 준다고? 어떤 기회? 다시 살아나는 기회? 그럼 연방의 대통령으로서 일할 수 있단 말인가?"

질문이 멈추지 않았다. 그러다가 내가 말을 하고 있다는 게 이상했다. 분명 내 몸은 움직일 수 없고 그저 숨만 간당간당 붙어 있었는데 말이다.

"아니, 뭔가 다시 새로운 삶을 살고 싶다면 기회는 있어. 하지만 뭐, 지금 저승을 가도 괜찮다면 이대로 고이 보내 주지."

카론의 말이 끝나기 무섭게 나는 두 팔을 휘저었다.

"새로운 삶을 살고 싶네. 남과 북이 서로 하나의 연방 아래 뭉쳐졌지만 앞으로 해야 할 일이 산더미라네. 하나가 된 미국을 위해 조금만 더 시간을 주게."

온 마음을 다해 부탁했다.

"음, 그건 좀 곤란해. 미국은 이제 남은 사람들에게 맡겨야 하네."

"그럼 내가 어디서 무슨 일을 할 수 있다는 거지?"

나는 카론을 빤히 바라보았다.

"앞으로 5주! 5주 동안 유일하게 남과 북으로 나뉜 나라에 가서 그들이 한마음을 가질 수 있도록 일을 해 보는 건 어때?"

카론이 말했다.

"남북으로 나뉜 나라라고? 거기가 어딘데? 설마 남부가 그들끼리 또 갈라지는 건 아니겠지? 내가 남부에 가면 사람들이 가만두지 않을 텐데……."

나는 불안함이 가득한 눈으로 카론을 바라보았다.

"아주아주 특별한 나라에서 새로운 모습으로 변할 거야. 아마 당신도 좋아할걸? 자, 이제 내 손을 잡아."

카론이 말했다.

스탠턴은 나와 카론의 대화가 전혀 들리지 않는지 여전히 내 손을 잡고 있었다.

잠시 후 나는, 정확히는 내 영혼은 내 몸에서 빠져나와 카론의 손을 잡았다. 그리고 카론의 얼굴이 점차 스탠턴의 얼굴로 변했다.

"뭐야, 스탠턴도 같이 가는 거야?"

내 목소리는 점점 깊은 우물 안으로 빠져 들어가는 것처럼 울리더니 희미해졌다.

오리건으로 살기

정신이 들었다. 움직임이 자유로웠다.

"다시 움직일 수 있다니."

둘러보니 내 옆에 스탠턴과 똑 닮은 아이가 있었다. 동그란 얼굴에 커다란 눈망울이 꼭 스탠턴의 어린 시절 같았다. 아니면 그의 자식이거나.

"여긴 어디지? 처음 보는 곳인데. 서부인가?"

나는 깜짝 놀랐다. 내 목소리와 말투, 언어도 달랐다.

"뭐지?"

주위에는 고개를 들어 쳐다보는 것조차 목이 아플 정도로 높은 빌딩들이 서 있었다. 그러자 머릿속에 '아파트. 공동생활주거지.'라는 정보가 떠올랐다.

"여긴 대한민국, 넌 열두 살 오리건이야. 난 카론, 아니 여기서는 네 친구 서태곤이고. 여기 있는 동안 내 도움이 필요하면 날 불러. 뭐 네가 부르지 않아도 내가 알아서 나타나긴 할 테지만."

스탠턴인 줄 알았던 아이가 자신을 서태곤이라고 소개했다. 그러면서 나에게 손바닥만 한 걸 하나 건넸다. 휴대폰이었다.

낯선 걸 보고 들을 때마다 새로운 정보가 머릿속에 떠올라 바로 상황을 파악할 수 있었다. 신기하다 못해 꿈을 꾸는 것 같았다.

"여기서 내가 뭘 하면 되지?"

나는 어리벙벙한 표정을 지었다.

"그건 네가 스스로 정해야지. 다만 5주야, 5주. 미처 이루지 못한 것을 실현하거나, 네가 목소리 냈던 세상이 어떻게 변했는지 직접 확인해 봐."

"그럼 이제 막 연방을 이룬 미국의 대통령이 되어 세상을 떠나게 된 내가 여기서 위로를 받을 수 있을까?"

내가 물었다.

"그럴 수도. 그럼 잘해 봐."

태곤이 뒤돌아 성큼성큼 걸어갔다.

"그러고 보니 내가 죽을 때 스탠턴이 병실에서 그렇게 서러워할 줄 정말 몰랐어. 나를 미워한 줄로만 알았는데……."

휴대폰 화면을 손가락으로 건드리니까 열두 살 오리건에 대한 정보가 빠르게 지나갔다.

"뭐야, 이걸 다 외워야 하는 거야?"

나는 급하게 태곤의 등에 대고 소리쳤다.

"야, 뭘 외워? 이제 공부 좀 하기로 했냐."

옆에서 누군가 어깨를 쳤다. 내 또래였다.

"어, 지우구나."

입에서 자연스럽게 그 아이의 이름이 나왔다. 그러니까 따로 외울 필요 없이 이 아이, 오리건의 몸과 마음을 이용해 살면 되는 거였다.

이제 리건이 되어 친구들과 5주를 지내면서 내가 할 일을 찾아봐야 한다. 다시 얻은 5주라는 시간이 정말 귀하고 소중하게 느껴졌다.

그러면서 대한민국의 열두 살 초등학생이 아무래도 신기해 자꾸 내 몸을 만지작거렸다.

"근데, 저 앤 누구야?"

지우가 이미 멀어진 태곤을 턱짓으로 가리켰다.

뭐라고 설명해야 할까 고민이 되었다. 속으로 피식 웃음이 나왔다.

"아, 할머니 댁 동네에서 만난 친구. 나랑 같이 올라왔어."

내 말에 지우는 고개를 갸우뚱했지만 그리 중요한 건 아니라는 듯 다른 얘기를 했다.

어느새 학교 앞이었다.

다른 아이들도 바삐 학교 안으로 들어가는 걸 보니 등교시간인 것 같았다.

"어? 너 왜 시계 안 차고 왔어?"

지우가 내 손목을 보더니 눈썹을 치켜올렸다. 지우의 손목에는 검정색 손목시계가 있었는데 바늘이나 숫자가 그려져 있지 않고, 그야말로 까맣기만 했다.

"아, 맞다! 할머니 댁에 두고 왔나 봐."

나는 깜짝 놀라는 시늉과 함께 머리를 긁적였다.

"우리 팀은 다 스마트워치 하고 다니기로 했잖아. 창해 팀하고 구분해야지."

지우가 서운한 투로 말했다.

"시계, 아니 스마트워치로 팀을 나눈다고? 그게 무슨 말이야."

내가 머리를 절레절레 흔들며 중얼거렸다.

"새삼스레 왜 그래. 너 할머니 댁 다녀오더니 우리 같이 정했던 거 다 까먹었냐?"

지우가 나를 흘겨보더니 이어 말했다.

"너 오늘 체육 시간에 뭐 하는지 알지?"

교문을 들어서던 지우가 물었다.

"그럼 알지. 그런데 왜?"

내가 얼버무리자 지우가 단호한 투로 말했다.

"왜긴, 너 줄 잘 서라. 알았지? 꼭 우리 팀에 서야 해."

"줄? 아, 줄. 근데 왜?"

내가 되묻자 지우가 답답해했다.

"너 오늘 왜 그러냐? 네가 창해와 같은 분단이니까 그렇지. 선생님이 분단별로 팀 하라고 해도 내 쪽으로 와서 줄 서란 말이야."

지우는 아주 중요한 일을 모의하는 것처럼 심각한 얼굴을 하고 있었다. 나는 그런 지우가 이해되지 않았다.

교실을 찾아 들어가자 창해로 보이는 아이가 내게 손을 들어 아는 체했다. 자연스레 내가 손을 들었다.

그러자 그 모습을 지켜보던 지우의 눈빛이 느껴졌다. 지우와 창해가 아무런 말도 없이 서로를 노려보았다.

나는 슬그머니 자리를 찾아 앉았다. 창해의 앞자리였다.

지우가 말한 체육 시간이 되었다.

오늘 실습 종목은 허들이었다. 아이들 무릎 높이의 장애물 다섯 개를 뛰어 넘어 달리는 경기였다. 경기를 하기 전 선생님은 청팀과 백팀으로 나누었다.

나와 지우가 붙어 있었지만 선생님은 우리 둘을 갈라놓았다. 지우가 선생님한테 말하려는 순간 창해가 순식간에 내 어깨를 붙잡고 자기 앞에 세웠다.

내가 지우에게 어깨를 으쓱해 보이며 어쩔 수 없었다는 듯 울상을 지어 보이자 지우의 미간에 주름이 그려졌다.

솔직히 지우에 대한 미안함 같은 건 느끼지 않았다. 도대체 이 아이들이 왜 이렇게 서로 미워하는지 이해할 수 없었기 때문이다.

아무래도 이 아이들을 친해지게 만드는 일이 이곳에 있는 동안 내가 해야 할 일 같았다.

허들 경기는 지우가 속한 청팀이 처음에 앞섰지만 창해가 속한 백팀이 청팀을 앞질러 역전을 했다.

 선생님은 약속대로 경기에서 이긴 백팀에게 아이스크림 한 개씩을 사 주었다.

 지우가 인상을 잔뜩 썼고, 반면 창해는 아이들과 왁자지껄 장난을 쳤다. 나는 아이스크림을 나눠 먹으려고 했지만 지우가 나를 째려보고는 다른 애한테 가는 바람에 그러지 못했다.

 아무래도 화가 단단히 난 것 같았다.

 "리건아, 너 지우와 서먹해지는 거 아냐?"

 창해가 친근하게 말을 걸었다.

 "뭐 서먹? 지우는 그런 애 아니야."

 나는 조금 쌀쌀맞게 대답했다. 창해가 지우와 나 사이를 이간질하는 것 같아 기분이 나빴다.

 "아님 말고. 그건 그렇고 저번에 선생님이 동아리 만들어 보라고 했잖아. 나는 책읽기 반 만들고 싶은데 너도 할 거지?"

"책읽기 반? 뭐 나쁘지 않은데. 지우한테도 하자고 할까?"

"지우? 너 지우 책 싫어하는 거 모르냐? 그리고 난 지우하고는 안 하고 싶어."

창해가 굳은 얼굴로 화를 냈다.

"왜 화를 내고 그래?"

"아니, 너도 지우가 어떤 애인 줄 알면서 그런 말 하니까 그렇지."

창해가 약간 누그러진 목소리로 말했다.

"글쎄, 난 잘 모르겠는데?"

창해를 똑바로 쳐다보며 물었다.

"참나, 지우는 책 읽는 거 싫어하고 운동하는 걸 좋아하잖아. 어떻게 아느냐고? 작년까진 나하고 친했어. 그런데 갑자기 날 무시하고 편을 갈라 놀잖아. 자기랑 맞는 애들하고만 놀고 다른 애들은 쳐다도 안 봐. 진짜 왕 치사하고 왕 유치해."

"친했다고? 지우는 왜 갑자기 편을 갈라서 너를 무시한 걸까?"

좀처럼 창해의 말이 믿기지 않았다. 지우가 그 정도로 좀스러운 아이인 것 같지는 않았다. 어떤 이유가 있을 것 같았다.

"뭐라더라, 자기 팀은 스마트워치를 차야 된다나 어쩐다나. 그 말 듣고 얼마나 황당했는지 몰라. 걔 누리한테는 얼마나 잘하는데."

창해가 씩씩대며 말했다.

"누리? 왜 누리하고 비교를 해?"

머릿속에서 누리에 대한 정보가 떠올랐다. 누리의 아빠는 우즈베키스탄 사람이었다.

"그러니까 누리는 우리 반에서 제일 춤을 잘 추고 찍어 올린 영상 조회 수도 많잖아. 그래서 스마트워치 없어도 잘해 주나 봐. 자기도 영상 한쪽에 나오고 싶은가 보지 뭐."

비꼬듯 말하는 창해에게 이번엔 내가 물었다.

"아무튼, 그래서 책읽기 반은 어떻게 하는 건데?"

나는 화제를 다른 곳으로 돌렸다.

"아, 책읽기 반? 선생님이 다섯 명만 모이면 동아리 만들 수 있다고 했고 지원도 해 준다고 하셨어. 운영 방법 같은 건 다 같이 모여서 정하면 된대."

오늘 보니 창해와 붙어 다니는 애들이 대여섯 명은 되는 것 같았다. 근데 굳이 나한테까지 말하는 걸 보면 지우를 견제하려는 듯 보였다.

"책읽기 반 이름은 '책으로 여는 세상'이라는 뜻으로 '책여세' 어때?"

창해는 이미 책읽기 반의 이름까지 다 정한 것 같았다. 솔직히 동아리 이름 같은 건 아무래도 좋았다.

수업을 마치고 집에 돌아왔다. 온몸에 기운이 다 빠진 것 같았다.

"어때? 200년이나 지나 동양의 나라에 와서 열두 살로 지내 본 하루가?"

언제 왔는지 태곤이 내 옆에 서 있었다.

"엄청나지. 그런데 뭔가 이상해. 아이들이 별 거 아닌 것 갖고 서로 미워하고 경쟁하는 것 같았어. 어쨌든 정신이 하나도 없었어."

나는 고개를 절레절레 흔들며 말했다.

"그럼 넌 이 아이들을 위해 뭐가 할 수 있을 것 같아?"

태곤이 진지하게 물었다. 태곤의 질문에 오늘 하루 동안 만난 아이들을 떠올렸다.

지우와 창해가 서로 미워하는 것이 이해가 가지 않으면서 한편으로는 마음이 아팠다.

무엇보다 지구상 유일한 분단국가로 70년이 넘게 전쟁을 끝내지 못한 나라에서 벌어지고 있는 일이라 안타까웠다.

분명 이곳에서 내가 할 일이 있을 것 같았다.

"응, 그때의 나, 에이브러햄 링컨처럼 최선을 다해 볼게."

나는 태곤을 향해 씨익 웃었다.

"오, 좋아! 그럼 어떻게 최선을 다할 건데?"

"응? 지우하고 창해는 원래 친구였대. 두 사람이 왜 멀어졌는지 알아보고 다시 친구 사이로 되돌려 놓으려고."

그러고 보면 나는 사람이든 나라든 갈라져 함께하지 못하는 걸 보면 못 참는 성격일지도 모르겠다.

지우와 창해 사이

　이토록 행복한 어린 시절은 없었다. 나의 집은 아늑하고 포근했다. 작은 오두막집에서 식구들과 함께 지냈던 때를 생각하면 천국이나 다름없었다.
　특히 혼자 쓸 수 있는 내 방이 정말 좋았다. 방 안을 가득 채운 책들은 내 마음을 설레게 했다. 밤새도록 책을 읽고 싶었지만 피곤이 몰려와 금방 잠이 들었다.
　아침에는 거실 식탁에는 빵과 우유, 과일이 차려졌다. 엄마는 웬일인지 내가 아침을 잘 먹는다며 칭찬을 아끼지 않았다.

잘 먹는다고 칭찬을 하다니, 여긴 정말 이상하고 재미있는 세상이다.

샤워를 하다가 문득 거울에 비친 내 모습을 쳐다보았다. 작고 마른 몸매에 어딘가 우울한 듯한 눈빛을 지닌 남자아이였다. 몸은 리건의 것이었지만 눈빛은 분명 나의 것이었다.

가방 둘러메고 집을 나섰다.

"리건아!"

아파트 현관을 나서자 지우가 서 있었다.

지우는 바로 옆 동에 살았다. 우리는 늘 함께 등하교를 하는 사이였다.

"야, 창해 말이야. 엄청 대장질 하는 거 알아? 걔 엄마하고 할머니가 탈북했다잖아. 지독한 사람들이 아니면 탈북해서 정착하는 거 쉽지 않대. 그러니 창해도 얼마나 지독한 애겠어."

지우는 만나자마자 험담부터 했다.

"탈북? 북한에서 왔다고?"

나는 창해가 탈북민 가족이라는 말에 깜짝 놀랐다.

"너 몰랐냐? 우리 반 아이들이 다 알고 있는데. 아무튼 그래서 생각하는 것도 우리랑 좀 달라."

지우는 뭔가 할 말을 감추고 있는 것처럼 보였다.

"뭐야, 그래서 너 창해 욕이라도 하려는 거야?"

내가 지우의 어깨를 걸며 물었다.

"너, 내 편 맞지?"

지우가 조심스럽게 내 눈치를 봤다.

"편? 야, 같은 반끼리 무슨 네 편, 내 편이냐?"

"야! 오리건. 너 그럴 줄 알았어. 어제부터 너 이상해. 평소 같으면 선생님이 창해 팀으로 가라고 해도 우리 팀으로 바꿔 달라고 먼저 말했을 텐데 그냥 가만히 있었잖아. 진짜 수상해."

그제야 지우가 솔직한 마음을 내보였다.

"내가 그랬다고? 인원수를 맞추려다 보니까 그렇게 된 것뿐이야."

"칫, 아무튼 동아리는 꼭 나랑 같이 해."

"뭔 동아리 만들 건데?"

"아직 생각 중. 창해는 절대 할 수 없는 걸 만들 거야."

지우는 온통 창해와 나를 떨어뜨릴 궁리만 하는 것 같았다.

"근데 너 스마트워치 할머니 댁에 가서 가져 와야 하지 않아?"

지우가 내 손목을 바라보며 말했다.

"아, 그거? 나중에 할머니 댁 가면 가져 와야지."

"야, 우리 편은 다 스마트워치 차기로 한 거 잊었어?"

지우가 따지듯 말했다.

"아니, 아까부터 우리 편, 우리 편 하는데 꼭 그렇게 해야 해?"

나는 참지 못하고 언짢은 마음을 꺼냈다. 아이들끼리 굳이 편을 나눠 지내야 하는 이 상황이 이해되지 않았지만 그걸 지키는 건 사실 귀찮았다.

"너 진짜 이럴래? 그냥 우리가 정한 대로 해!"

지우는 화가 났는지 학교에 도착하자마자 교실로 먼저 들어가 버렸다.

먼저 등교한 창해는 자리에 앉아 책을 읽고 있었다. 나는 창해와 지우를 번갈아 바라보았다. 그때 지우가 교실에 들어가자마자 떠들썩하게 뭐라 말하더니 왼팔을 위로 쳐들었다. 그러자 교실 여기저기서 스마트워치를 찬 팔이 올라왔다.

시계 따위로 편을 가르다니 어이가 없었다.

"유치하기는."

창해가 중얼거렸다.

"유치하긴 해."

소곤거리는 내 말을 들었는지 창해가 의아해하며 말했다.

"뭐야, 넌 지우랑 친하잖아. 뭔가 달라진 것 같다."

창해는 알쏭달쏭한 표정을 지었다.

수업이 시작되기 전, 선생님은 다목적실을 동아리실로 사용해도 좋으니, 언제 어떻게 사용할 것인지 미리 계획서를 제출하라고 했다. 그리고 현재 신청이 완료된 동아리는 책읽기 반뿐이라며 내일까지만 신청을 받겠다는 말도 덧붙였다.

"오리건, 잠깐 와 봐."

점심을 다 먹고 식판을 막 놓고 돌아서는데 지우가 불렀다. 지우 옆에는 강누리와 몇몇 아이들도 있었다.

"춤신춤왕 반 멤버들이야. 누리가 우리한테 춤을 가르쳐 줄 거야."

"근데 다목적실 좀 좁지 않냐? 책읽기 반이랑 시간이 겹치면 어떡하지?"

누리가 걱정하는 투로 말했다.

누리의 아빠는 우즈베키스탄 사람이고 엄마가 한국 사람이다. 겉모습은 우리와 다르지 않지만 다문화 가정이라는 이유로

은근히 따돌리는 아이가 있다고 했다. 지우는 그런 누리와 친하게 지내며 따돌리는 아이들로부터 지켜 주고 있었다.

지우에게도 정의로운 면이 있었던 것이다. 그런데 왜 창해를 차별하고 비난하는지 도통 알 수가 없었다.

"우리가 먼저 계획서를 제출하면 되지."

지우의 말에 아이들은 고개를 끄덕이며 찬성했다.

"리건아, 당연히 춤춤 반이지? 네 이름도 적어 제출한다."

지우가 단호한 투로 말했다.

"나 춤 잘 못 추는데……. 그리고 창해가 책읽기 반 하자고 먼저 말했거든."

나는 말끝을 흐리며 지우의 표정을 살폈다.

"칫, 걔가 그렇지 뭐. 그저 책, 책. 그런다고 지가 똑똑해 보이는 줄 아나."

지우가 비아냥거리자 아이들도 킥킥거렸다.

"야, 책이 어때서. 책 많이 읽으면 좋지."

내가 이마를 찌푸리며 말했다.

"와, 넌 언제부터 책을 읽었는데? 나랑 같은 수준 아니야? 됐고, 책읽기 반 할지, 춤신춤왕 반 할지 빨리 정하기나 해."

지우는 토라져서는 홱 뒤돌아 가 버렸다.

"리건아, 책읽기 반은 너하고 안 어울려."

누리가 양팔을 엑스자로 포개며 말했다.

"내가 얼마나 책을 좋아하는데……."

나는 아이들에게 들리지 않게 중얼거렸다.

무엇보다 내가 잠시 몸을 빌린 오리건은 딱 한 번 춤을 춰 봤는데 수련회 가서 춘 막춤이 전부였다. 그 자리에 지우도 있었다. 그저 내가 창해와 같은 동아리 멤버가 되는 게 싫다는 이유로 일부러 날 춤신춤왕 반에 넣겠다고 한 것이다.

내일 난 둘 중 하나를 택해야 한다. 아이들이 서로 사이좋게 지내면 정말 좋을 텐데, 한숨만 나왔다.

"하아, 오로지 하나의 목표를 향해 나가는 게 훨씬 쉬운 일이구나. 둘 중 하나를 선택해야 하는 건 정말 어려워."

나는 앞서 가는 지우를 향해 뛰어갔다.

"지우야, 같이 가!"

둘 중 하나

오늘 체육 시간에 할 종목은 배구였다. 체육관에 모여 배구 연습을 하던 중 지우가 누리에게 다가가 말했다.

"야, 이따 수업 끝나면 춤 좀 춰 줘. 우리 동아리 홍보해야 하잖아."

"엥? 여기서?"

누리는 난처해하다가 지우의 설득이 계속되자 수업이 끝나자마자 결심한 듯 무대 쪽으로 걸어갔다.

체육관 무대 위에 누리가 오르자 지우는 선생님에게 부탁해 음악을 틀었다. 신나는 음악이 들리자 아이들이 하나둘 무대 앞으로 몰렸다.

누리가 최근 연습한 춤을 추기 시작했다. '춤신'이라는 별명답게 누리의 춤선은 정말 예뻤다.

여기저기서 환호가 터졌다. 지우는 선생님한테 요청해 잠시 받은 휴대폰으로 영상을 찍었다.

노래가 끝나갈 때쯤 춤신춤왕 반 멤버들이 누리 뒤에 올라가 섰다. 아이들은 춤신 누리의 든든한 배경이 되어 주었다.

지우는 언제 준비했는지 양팔 넓이의 종이를 현수막처럼 펼쳤다.

춤신춤왕 동아리 회원 모집

아이들이 내지르는 함성과 박수 소리로 체육관 안은 시끌시끌했다. 그러자 지우는 반 아이들을 향해 소리쳤다.

"재미있게 춤추면 운동도 되고 학교생활이 즐거울 거야. 아직 회원 신청 받으니까 생각 있으면 연락해!"

지우의 목소리가 강당 안을 쩌렁쩌렁 울렸다.

나도 아이들 뒤에 서서 춤신춤왕 반 아이들이 열심히 하는 것을 지켜보았다. 음악 소리에 몸이 살짝 움직여지긴 했지만 영 리듬을 타지 못했다.

"진짜 나 춤을 배워야 하는 걸까."

어느새 진지하게 고민하고 있었다. 머리를 절레절레 흔들었다.

모든 수업이 끝나고 선생님은 오늘까지 책읽기 반, 춤신춤왕 반만 신청했기 때문에 동아리 활동을 하고 싶은 아이들은 두 동아리 중에서 선택하라고 했다.

지우는 자신이 있는지 춤신춤왕 반 아이들과 하이파이브를 하며 좋아했다.

춤신춤왕 반의 회원 수는 벌써 열 명이 되었다. 난 아직 두 동아리 중에 어느 동아리도 선택하지 않았지만 지우는 춤신춤왕 반의 활동 계획과 고민을 하나하나 다 말했다.

먼저 모임 날짜와 시간을 정해야 하는데 일주일 내내 모두가 좋다고 하는 때가 없었다. 다들 학교가 끝나면 학원을 가거나 다른 활동을 해야 했다.

"야, 아무리 누리가 춤을 잘 가르쳐 준다고 해도 연습을 못하면 꽝이야. 우리 시간을 좀 맞춰 보자."

지우는 부탁도 하고 윽박을 지르기도 했다. 하지만 방과 후 일정이 꽉 차 있는 아이들의 시간을 맞추기란 쉽지 않았다.

"그럼 이번 주 토요일 10시에 첫 모임을 갖기로 해. 주말에는 특강이나 보충학습 아니면 학원 안 가도 되잖아."

지우의 일방적인 통보에 아이들은 입술을 쭉 내밀고 고개를 끄덕였다.

"리건아, 너는 당연히 되겠지?"

지우가 나를 쳐다보았다. 그때까지 나는 지우가 말할 때 아이들의 표정을 살피고 있었다. 기쁘고 즐겁게 해야 할 동아리 활동의 첫 단추가 잘못 끼워진 것처럼 느껴졌다.

"근데 지우야, 동아리는 즐거운 마음을 갖고 자발적으로 하는 거잖아. 연습 날짜를 강제로 정하면 달갑지 않은 아이들도 있을 것 같아."

"다 안 된다는데 어떡해. 모임 날짜를 못 잡으면 연습을 할 수 없는걸. 나도 즐겁게 하고 싶다고!"

지우가 발끈했다.

"음……. 그럼 이건 어때? 누리랑 같이 찍은 연습 영상을 찍어서 공유하고 각자 집에서 연습한 다음 쉬는 시간이나 점심시간에 한 번씩 맞춰 보는 건?"

"올. 그거 좋은걸?"

"오리건, 머리 좀 쓰는데?"

내 말을 조용히 듣고 있던 아이들이 좋은 생각이라며 맞장구를 쳤다.

"좋긴 한데 명색이 춤 동아리인데 모여서 연습해야 한다고 봐."

지우가 나를 째려보며 말했다.

"누리야, 넌 어떻게 생각해?"

한 아이가 누리에게 물었다.

"상관없어. 어차피 모여서 해도 내가 다 가르치는 건 똑같으니까."

누리가 어깨를 으쓱했다. 누리의 말에 아이들은 답을 찾은 듯 누리에게 영상을 부탁하고는 각자 흩어졌다. 지우는 여전히 못마땅한 얼굴을 하고 있었다.

교실로 들어가자 창해가 불렀다.

"어디 있었어? 찾았잖아. 우리 책여세 모임을 어떻게 할 건지랑 무슨 책을 읽을지 얘기하고 있었거든."

창해가 기다렸다는 듯 나를 붙잡고 말했다.

"어? 근데 나 춤신춤왕이랑 책여세 둘 다 가입해도 되는지 선생님께 먼저 여쭤 봐야 할 것 같은데……."

내가 곤란해하며 말하자 창해의 눈이 번쩍 커졌다.

"진짜? 책여세만 하는 거 아니었어? 선생님께서 둘 다 가입해도 된다고 하면 어쩔 수 없지만……."

창해는 실망한 듯 입을 꾹 다물었다.

쉬는 시간에 선생님은 내게 둘 다 해도 상관없다고 했다. 마음이 홀가분해졌다.

"창해야, 둘 다 된대."

"그래? 할 수 없지. 책여세 모임은 일주일에 한 번, 목요일 방과 후 다목적실에서 하기로 했어. 처음 읽을 책은 『로빈슨 크루소』로 정했고."

"『로빈슨 크루소』라고?"

나는 깜짝 놀랐다. 『로빈슨 크루소』는 내가 제일 좋아하는 책이었다.

바다에서 난파당한 후 역경과 싸운 주인공 크루소의 모습은 개척지 미국에서 힘겹게 살아가던 나에게 큰 감명을 주었다.

우리 집은 무척 가난했고 나는 어릴 적부터 아버지를 도와 일을 해야 했다. 아버지는 내가 학교에 가는 것도 책을 읽는 것도 싫어했다. 하지만 나는 시간이 날 때면 학교에 갔고 읽고 싶은 책은 어디서라도 빌려 읽었다.

그나마 쉽게 구할 수 있었던 『성경』과 『이솝우화』는 몇 번을 읽었는지 모른다. 셰익스피어의 작품도 좋아했다.

책을 다 읽고 나면 동네 아이들을 모았다. 큰 나무 그늘 아래에 모인 아이들에게 방금 읽은 책의 이야기를 들려주었다. 때로는 나의 상상력이 더 해져 이야기가 더 재미있어지기도 했다.

"링컨은 어떻게 이야기를 그리 재미있게 할까?"

아이들은 내 이야기를 듣는 걸 좋아했다.

좋은 문장이 있으면 판자에 적었다. 판자에 적고 외워 내 것으로 만들었다. 판자가 새카맣게 글로 가득 차면 겉을 긁어내

어 그 위에 다시 썼다.

　책은 이웃들에게 빌렸다. 읽고 싶었던 책을 누가 갖고 있다는 말을 들으면 그곳이 어디든 찾아가 빌렸다. 언젠가 내가 정말 읽고 싶은 책을 가진 사람이 몇 킬로미터나 떨어진 마을에 살았는데, 기어코 걸어가서 책을 빌린 적도 있었다.

"그깟 책을 빌리러 가려고 신발 밑창을 닳게 해?"

아버지는 그런 나를 이해하지 못했다.

한번은 어렵게 빌린 책을 머리맡에 두고 잠이 든 적이 있었다. 그런데 밤새 내린 비가 창문 안으로 들이쳤고 머리맡의 책이 다 젖고 말았다. 나는 안절부절못했다. 책을 겨우 말려 책 주인에게 갖고 갔지만 젖었던 부분이 부풀어 올라 있었다.

"아저씨, 죄송해요. 책이 젖고 말았어요."

"저런, 책을 소중하게 다루지 않았나 보군. 내가 빌려 주었던 상태로 되돌려 놓든가 새 책을 사다 놓아야 할 거다."

"저희 집엔 책을 살 돈이 없어요. 대신 제가 일을 해서 책값을 갚을게요."

책 주인은 잠시 고민하더니 그렇게 하라고 했다.

나는 사흘 동안 집을 오가며 일을 했다. 말 먹이를 주고 목장일을 하면서 집 주인이 시키는 일을 했다. 주인은 부지런하고 성실하게 일하는 나를 보고 칭찬을 아끼지 않았다.

"이제 됐다. 약속한 사흘 동안 정말 일을 잘해 주었구나. 책값은 충분히 지불했으니 그 책은 이제 네 것이다."

처음으로 내 책을 가지게 되어 뛸 듯이 기뻤다. 그날부터 나는 더욱더 책을 읽었다. 『성경』을 수차례 읽으면서 도덕적이고 정직한 태도를 몸에 익혔다. 『이솝우화』를 읽으며 밤을 지새웠고, 『아라비안나이트』를 읽으면서 내가 알지 못한 세상을 엿보았다.

그렇게 매일 책을 읽었지만 결코 많은 책을 읽은 건 아니었다. 대신 한 권을 읽더라도 몇 번씩 읽었고 그러다 보니 그 내용을 대부분 기억할 수 있었다. 아이들에게 책 내용을 이야기해 줄 수 있었던 것도 그 때문이었다.

책은 내게 굉장히 큰 축복이었다. 만약 책을 읽지 않았다면 내가 어떤 사람이 되었을지 상상이 가지 않는다. 아버지는 그런 나를 못마땅해했다.

스무 살이 되어 나는 집을 떠나 일리노이 주에서 생활했다. 그곳에서도 여전히 책을 손에서 놓지 않았다. 웅변술 관련 책뿐만 아니라 인디애나 주의 『개정법령집』도 읽었다. 거기에 실린 「독립선언문」과 '헌법'은 내게 새로운 세계를 보여 주었다. 그때부터 사람들은 내가 연설에 소질이 있다고 평가했다.

책을 읽다 보면 어느새 내용은 내 것이 되었다. 책에서 사람을 귀하게 여기고 자연을 사랑해야 한다는 걸 배웠다. 또한 선한 일을 함으로써 세상에 선한 영향을 끼쳐야 한다는 것도 배웠다. 학교를 다니지 못했지만 책만으로 학교에서 배우는 것을 다 배울 수 있었다.

지우의 비밀

"지우야, 누리가 영상 찍은 거 올려 준대?"

집에 가는 길에 나는 짐짓 밝은 척하며 지우의 눈치를 살폈다.

"응."

지우는 짧게 대답했다.

"야, 나 오늘 너희 집 들러서 놀다 가도 돼?"

오늘은 지우가 학원에 안 가는 날이다.

"어? 안 돼. 연우 봐야 해."

"같이 보면 되지."

"괜찮아. 이젠 말 잘 들어."

지우가 머뭇거리다 말을 이었다.

"근데 있잖아, 연우가 창해는 좀 좋아하는 것 같아."

"진짜? 와, 연우는 너희 가족이랑 도우미 선생님 말고는 다른 사람 곁에 안 가지 않아?"

지우에게서 연우의 이름을 듣자 머릿속으로 지우 가족 이야기가 휘리릭 입력되었다.

지우 동생 연우는 발달장애를 갖고 있어서 특수학교에 다니고 있다. 그런데 연우가 어떻게 창해를 알고 있는지 궁금했다.

"여름 방학이 끝날 무렵이었어. 리건이 넌 가족여행을 떠나 있을 때였지."

"아, 내가 없었던 때 무슨 일이 있었구나."

지우는 생각하기도 싫은 그날의 이야기를 차분히 들려 주었다.

그날 도우미 아주머니는 연우를 마중 나가 있었다. 학교로부터 통학버스 도착이 조금 늦어진다는 연락을 받고 아주머니는 잠깐 근처 편의점에 들러도 되겠다고 생각했다.

하지만 아주머니가 자리를 비우고 편의점에 간 사이 통학버스가 도착했다. 원래 통학 지도 선생님이 보호자에게 직접 아이를 데려다 줘야 하지만 시간이 늦어서인지 그날따라 아주머니에게 전화 한 통으로 연우가 방금 내렸다는 말만 전하고 연우를 두고 출발한 것이다.

연락을 받은 도우미 아주머니가 부리나케 정류장으로 달려갔다. 불과 3분밖에 안 지났는데 정류장에 연우가 보이지 않았다. 가끔 연우가 집에 가는 길에 엉뚱한 곳에 주저앉아 개미를 보거나 돌멩이를 쌓는 경우가 있었기 때문에 아주머니는 한 시간 넘게 주변을 둘러보며 연우를 불렀다.

잠시 후 아이들을 다 내려주고 학교로 돌아가는 통학버스에서 아주머니의 연락을 받은 지도 선생님이 내렸다. 엄마와 아빠도 급히 정류장으로 달려왔다.

한편 지우는 그날따라 머리가 아파서 수영장 대신 집으로 곧장 와 있었다. 집에 도착하고 잠시 후 전화벨이 울렸다. 지우가 전화를 받자마자 엄마가 떨리는 목소리로 물었다.

"집이니? 연우 왔어?"

"아니요. 오늘 머리가 아파서 수영장……."

지우의 말이 끝나기도 전에 엄마는 전화를 끊었다. 불안한 마음에 연우가 늘 내리는 정류장으로 서둘러 나갔다.

평소 연우는 항상 같은 길로만 다녔다. 하지만 정류장에 도착할 때까지 지우의 눈에 연우의 흔적은 보이지 않았다. 아빠는 지구대로 가서 실종 신고를 하겠다고 했고, 엄마는 연우가 나쁜 일을 당했을지 모른다며 겁을 냈다. 그러고는 정신없이 연우를 부르면서 이곳저곳을 뛰어다녔다.

"연우야, 연우야!"

지우는 혹시나 하는 마음에 학교가 있는 방향으로 걸으면서 연우를 찾아보았다. 지난번에 지우는 연우를 데리고 학교에 데려간 적이 있었다.

그렇게 연우를 찾으며 걷고 있던 중 지우는 창해와 마주쳤다.

"어디 가?"

창해가 물었다. 그때만 하더라도 지우는 창해와 친했다.

"어? 창해야, 혹시 어딘가 좀 달라 보이는 애 혼자 다니는 거 못 봤어?"

"달라 보이는 애?"

창해가 고개를 저으며 되물었다.

"아니, 뭐가 막 다르다는 게 아니라, 행동이 좀 이상하다고나 할까. 내 동생인데 오늘 집에 안 들어와서 지금 찾고 있어."

지우가 착잡한 말투로 설명했다.

"그래? 나도 같이 찾을게. 네 동생 이름이 뭐야? 몇 살인데? 오늘 무슨 옷 입었어?"

창해가 적극적으로 돕겠다고 하자 연우의 인상착의를 대충 설명했다. 사실 그 순간 지우는 연우를 찾을 수만 있다면 누구라도 좋았다. 연우가 사라지는 상상은 해 본 적도 없었다.

지우의 설명을 들은 창해가 정류장 쪽으로 향했다.

"야, 거긴 이미 다 찾아봤어!"

지우가 소리쳤다.

"그래도 놓친 길이 있을 거야."

창해는 뒤도 돌아보지 않고 뛰기 시작했다.

지우는 학교로, 창해는 정류장으로 향했다.

지우가 학교에 도착해 운동장부터 둘러봤지만 연우는 보이지 않았다. 지우는 연우를 잃어버린 게 자기 탓인 것 같아 겁이 났다.

지우가 운동장 벤치에 털썩 주저앉았다. 이제 어디를 찾아봐야 할지 막막하기만 했다. 그때 주머니 속의 휴대폰이 울렸다. 창해였다.

"연우 찾았어! 어서 정류장으로 와."

"뭐, 뭐라고? 정말이야?"

지우는 정류장 쪽으로 바람처럼 달렸다. 지금껏 그렇게 빨리 달린 적이 없을 정도로 숨가쁘게 달렸다.

정류장에는 창해가 연우의 손을 잡고 서 있었다.

"연우야!"

지우는 달려가서 연우를 꼭 안았다.

"저기 안쪽 사잇길에 있었어. 아기고양이를 따라갔나 봐. 앉아서 고양이를 보고 있더라. 이쪽 길은 좁고 어두워서 사람들이 잘 모르는 길이거든."

창해는 연우에게 상황을 설명했다.

지우는 얼른 엄마한테 전화했다. 부모님과 통학 선생님, 그리고 도우미 아주머니는 집 쪽으로 가면서 연우를 찾고 있었다.

잠시 후 부모님과 통학 선생님, 도우미 아주머니가 달려왔다.

"연우야! 어디 갔었어?"

"고양이, 저기요."

엄마는 연우를 보자마자 끌어안고 눈물을 훔쳤고, 아빠는 실종 신고를 취소해야겠다며 지구대로 전화를 걸었다. 도우미 아주머니는 가슴을 부여잡으면서 다행이라며 그 자리에 주저앉

았고, 통학 선생님은 다친 곳이 없는지 연우의 몸을 살폈다.

엄마는 창해가 연우를 찾은 이야기를 지우에게 전해 듣고 창해의 손을 꼭 잡은 채 연신 인사했다.

"고맙다, 창해야. 고마워."

마치 한 줄기 핀 조명이 무대 위의 창해에게만 비추고 있는 것 같았다. 반면 지우는 어둠 속에 홀로 서 있는 것 같았다.

연우를 찾느라 온몸이 흠뻑 젖을 정도로 뛰어다녔다. 연우를 걱정하면서 심장이 절반으로 줄어들기도 했다. 하지만 아무도 알아주지 않았다. 연우조차 창해만 바라보며 방긋 웃었다.

내 것이어야 할 위로와 칭찬 모두 창해에게 빼앗긴 기분이 들었다.

"분명 창해가 고마운 건 맞아. 근데 왠지 모르게 그날부터 창해가 싫어지더라."

지우가 담담하게 말했다.

"싫다고? 연우를 찾아준 게 창해인 건 맞잖아."

나는 지우의 말을 전부 이해할 수 없었다.

"몰라, 나도 모르겠어. 그건 맞는데 어른들한테 칭찬 받는 창해를 보니까 갑자기 화가 났어. 마치 내 자리를 빼앗긴 것처럼."

지우는 말끝을 흐렸다. 지우는 창해를 질투하고 있었다.

"아, 그런 거야? 그런데 창해는 어떻게 연우를 찾아낸 거래? 정류장 근처는 어른들이 다 찾아봤다며."

"창해 할머니가 치매시래. 어쩌다 집을 나가실 때가 있는데, 그때마다 온 가족이 안 찾아본 데가 없대. 그래서 동네 구석구석을 잘 알고 있나 봐."

"와, 진짜 다행이었네."

나는 되도록 지우가 창해를 좋게 생각하길 바랐다.

"근데 그때부터 창해가 나한테 친한 척하는 게 꼴 보기 싫었어. 엄마가 창해한테 선물을 사 준다고 했는데 사양했을 때도 잘난 척하는 것 같아서 싫었어."

"이야, 창해 착하네. 나 같으면 이때다 하고 갖고 싶은 거 다 말할 텐데."

내가 일부러 호들갑을 떨자 지우가 나를 흘겨보며 말했다.

"흠, 사실 나한테 연우 같은 동생이 있다는 걸 창해가 알아 버린 게 싫었던 걸지도 몰라. 연우가 다른 아이들과 다르다는 걸 내 친구들은 아무도 몰라. 내가 말 안 했거든."

이제야 지우가 왜 친했던 창해를 싫어하게 되었는지 알 것 같았다. 감추고 싶었던 지우의 비밀을 창해가 알아 버린 것이다.

"야, 연우가 들으면 섭섭하겠다. 연우가 어째서 너의 비밀이야? 연우는 네 동생이고 창해는 그런 연우를 찾아준 고마운 친구인걸."

"네가 뭘 알아?"

지우가 발끈하며 따졌다.

"너도 창해 편이야? 그래서 책여세에 먼저 가입하고 춤신춤왕은 내가 뭐라고 하니까 할 수 없이 가입한 거냐고?"

"갑자기 무슨 편을 나누는 건데? 그냥 둘 다 하고 싶어서 한 거야."

내가 씨익 웃어넘기자 지우가 멋쩍은 듯 말을 돌렸다.

"아무튼 너 누리가 영상 올리면 보고 연습 날 꼭 나와. 안 그러면 끝이야, 끝!"

그러고는 토라진 얼굴로 휙 뒤돌아갔다. 나는 뿔이 잔뜩 나 보이는 지우의 뒷모습을 보면서 창해와 화해시킬 수 있는 방법이 뭐가 있을까 생각했다.

"어때, 네가 뭘 해야 할지 알겠어?"

서태곤이 어느새 내 옆에 나타나 말을 걸었다.

"아잇, 깜짝이야! 휴, 놀랐잖아. 여기 아이들은 정말 아무것도 아닌 문제로 서로를 원수 대하듯 싫어하는구나."

내가 고개를 절레절레 흔들며 말하자 태곤이 사뭇 진지하게 말했다.

"무엇이든 편을 갈라야 직성이 풀리는 사람들이 있거든. 검은색 아니면 흰색, 이쪽 아니면 저쪽. 회색이나 중간을 선택하면 못 견뎌 하는 사람들이 많아, 이 세상에."

"그런데 내가 할 수 있을까? 내가 그런 사람들의 마음을 변화시킬 수 있겠냐고. 지우는 아무도 모르는 상처를 입었어. 그 마음의 상처를 먼저 낫게 해야 다른 사람의 마음을 보듬고 이해할 수 있는 사람이 될 것 같은데 어쩌면 좋지?"

내가 고민하며 중얼거리자 태곤이 웃으며 말했다.
"훗, 화합과 화해가 네 전문 아니야? 한번 잘해 봐."
그러고는 다시 어디론가 사라졌다.
"에휴, 도움이 안 된다, 도움이. 내가 이렇게 고민하고 있는데 뭐라도 알려 주면 어디가 덧나?"
답답한 마음에 괜히 하늘에 대고 소리를 질렀다. 사람들 앞에서 연설할 때처럼 배에 힘이 들어갔다.

팽팽한 갈등 사이에서

며칠 뒤 학교에서는 동아리 활성을 위해 한 반당 한 동아리에 혜택을 주기로 했다. 2주 뒤에 자유로운 방식으로 반 대표 동아리를 선정하면 되었다.

우리 반에서는 책여세와 춤신춤왕 중 하나를 선정해야 하며, 발표회를 열어서 정하기로 했다.

어찌됐든 난 둘 중 하나가 뽑힐 때까지 양쪽에 신경을 써야 했다.

"야, 우리 이렇게 하면 망해. 너희 영상 보고 연습한 거 맞아?

아직 순서도 못 외우고 있잖아."

누리가 아이들과 동작을 맞춰 보더니 인상을 쓰며 말했다.

"외우고 있어. 시간 날 때마다 영상 보거든."

"네가 좀 천천히 해 줘야지. 우리가 따라하기에는 너무 빨라."

아이들이 불만을 터뜨렸다.

"그래서 음악 없이 순서만 다시 천천히 보여 줬잖아."

누리도 지지 않았다. 누리와 아이들 사이에 묘한 긴장감이 흘렀다.

"알았어. 좀 더 연습할게. 누리야, 고마워."

나는 상황을 정리하려고 누리에게 엄지손가락을 올려 보이며 말했다.

"리건이는 오히려 잘 따라 하는데 지우, 너 혹시 몸치냐?"

그런데 갑자기 누리가 지우에게 따지듯 물었다.

"야! 그래도 난 순서 안 틀리거든?"

지우가 기분이 상했는지 소리를 꽥 질렀다.

"이럴 시간에 연습 한 번 더 하자."

나는 다시 아이들을 말렸다. 그러자 아이들은 누리가 예민하게 반응한 것이 못마땅했는지 연습을 멈추고 각자 자기 자리로 돌아가 버렸다.

"몰라, 나도 바쁘다고."

누리는 그런 아이들을 보고 화가 나서 교실을 나가 버렸다. 나는 지우의 눈치를 살폈다. 지우의 코에서는 금방이라도 폭발할 것처럼 콧김이 뿜어져 나왔다.

"지우야, 우리 둘이라도 하자."

내 말에 지우는 어이없어하며 누리 따라 교실을 나갔다.

나는 어떻게 해야 좋을지 정말 몰라 어안이 벙벙했다.

"리건아, 잠깐 와 봐."

가만히 지켜보던 창해가 불렀다.

"너, 동아리 둘 다 할 거야?"

"둘 다 한다고 했으니 해야지."

"그러지 말고 춤춤은 포기해. 거기 애들 자기 마음대로잖아. 게다가 넌 『로빈슨 크루소』도 이미 읽지 않았어?"

창해가 확신에 차서 말했다.

"어? 내가 읽었나? 아, 읽긴 읽었어!"

갑작스러운 질문에 당황했지만 창해가 의심하기 전에 자신 있게 고개를 끄덕였다.

방과 후, 지우가 누리의 마음을 풀어주고 아이들의 단합을 위해 춤신춤왕 반을 다목적실로 모이게 했다.

그런데 마침 다목적실에는 나를 포함한 책여세 아이들이 모여 있었다.

"야, 우리 연습 시간이야."

지우가 책여세 아이들을 향해 말했다.

"뭔 소리야. 이 시간엔 우리가 쓰기로 했어."

창해가 나섰다.

지우의 말에 나는 휴대폰을 꺼내 시간표를 확인했다. 아니나 다를까 같은 날짜, 같은 시각에 춤신춤왕과 책여세 활동 시간이 함께 적혀 있었다.

"어? 왜 이렇게 됐지?"

내가 고개를 갸웃거리는 동안 지우와 창해는 서로를 노려보며 인쇄된 시간표를 들고 있었다.

"우리가 먼저 시간표를 제출했는데 나중에 한 너희가 잘 확인했어야지."

"무슨 소리야. 시간표는 같이 제출했거든? 아무튼 책은 도서관에서도 충분히 읽을 수 있으니까 너희가 나가!"

창해가 따지고 들자 지우가 창해를 밀치며 소리쳤다.

"우린 서로 의견을 나눠야 해서 조용한 도서관에서는 활동 못 해. 하긴 책 한 권 안 읽어 본 네가 뭘 알겠냐? 춤은 운동장에서 춰도 되니까 너희가 나가 줘."

창해가 비아냥대며 지우를 어깨로 툭 밀었다. 각자의 동아리 아이들도 절대 안 비켜 줄 것처럼 으르렁대듯 노려보았다.

"잠깐, 시간 아까우니까 일단 다목적실을 반으로 나눠서 사용하는 건 어때? 대신 춤신춤왕은 음악을 되도록 작게 틀고, 책여세는 최대한 가까이 모여서 이야기를 해 보면 될 것 같은데."

내가 끼어들자 둘 중 하나가 포기하는 것 말고는 방법이 없다는 걸 알았는지 아이들은 입을 삐죽거리는 것으로 동의를 표했다.

"좋아, 그럼 오늘은 이렇게 해 보자. 그리고 너희 둘, 우리 잠깐 얘기 좀 할래?"

나는 지우와 창해를 다목적실 밖 복도로 불렀다.

"있잖아, 며칠 동안 양쪽에서 활동하면서 내가 느낀 게 있는데 너희는 지금 하고 있는 일을 정말 좋아하는 것 같아. 지우는 춤을 엄청 잘 추지는 못하지만 아이들과 함께 추려고 동아리를 만들었잖아. 창해도 아이들과 함께 책을 읽고 얘기하기 위해서 동아리를 만든 거고. 맞지?"

내 말에 지우와 창해는 멋쩍은지 서로 반대 방향으로 고개를 획 돌렸다.

"그런데 이렇게 둘이 싸우면 결국 우리 반 아이들에게 안 좋

을 것 같아. 혹시 서로 오해하고 있는 게 있다면 지금 솔직히 털어놓고 오해를 풀어 보는 건 어떨까?"

내 말에 지우가 발끈했다.

"너 뭐라는 거야, 지금? 너랑 춤춤 안 해도 되니까 창해하고 둘이 잘해 봐!"

"지우야!"

뒤돌아 떠나는 지우를 불렀지만 지우의 발걸음은 멈추지 않았다.

"야, 오해라니 그게 무슨 말이야?"

잠자코 듣고 있던 창해가 물었다.

"그건 나보다 지우한테 직접 듣는 게 좋을 것 같아. 들어 보면 그동안 서로 말하지 않아서 쌓인 오해가 있는 것 같더라고."

도통 무슨 말인지 이해가 가지 않는다는 듯 창해는 고개를 갸웃하며 찝찝한 표정을 지었다. 나는 두 사람 사이의 거리를 좀처럼 좁히지 못한 게 속상했다.

"아, 맞다. 이왕 이렇게 된 거 우리 책여세 모임은 이따 다른 데서 마저 할래? 오늘은 여기 춤춤 애들 사용하라고 하고."

"왜? 싫어. 우리가 왜 나가야 돼?"

창해가 따지듯 말했다.

"너 혹시 '분열되어 싸우는 집은 바로 설 수가 없다.'라는 말,

들어 봤어?"

이 말은 내가 노예제를 두고 찬성파와 다툴 때 한 말이었다. 창해는 내 말이 마음에 와 닿았는지 잠시 생각에 잠겼다가 머리를 긁적이면서 대답했다.

"참나, 뭐라는 거야? 암튼 알았어. 네 말대로 계속 싸우기만 하면 아무것도 못 할 테니까."

그러면서 책여세 아이들을 불러냈다. 대충 창해의 설명을 들은 아이들이 저마다 한마디씩 하고는 자리에서 일어났다.

"똥이 무서워 피하냐, 더러워서 피하지."

"빈 수레가 요란하기는."

그러자 춤신춤왕 아이들이 기다렸다는 듯 개의치 않고 연습 준비를 시작했다.

마침 아무도 없는 교실에서 책여세 모임을 이어서 하기로 했다. 아이들은 동아리 활동을 꼭 정해진 곳에서만 할 필요는 없는 것 같다며 서로 만족해했다. 그러자 미나가 다음 모임부터 우리 중 한 사람의 집에 모여 간식 먹으면서 해 보자는 의견을 냈다. 다른 아이들도 좋다고 했다.

"난 반대야. 오늘은 춤춤이랑 시간이 겹쳐서 우리가 양보한 거잖아. 다음 모임은 우리가 다목적실을 다 쓸 수 있을 거야."

창해가 굳은 얼굴로 말했다. 왠지 창해는 다목적실을 포기하면 지우에게 지는 것과 다름없다고 생각하는 것 같았다.

"아, 집에서 하는 건 차차 생각해 보자. 그럼 우리 다음 책은 뭐 읽을까?"

창해가 방금 전과 다르게 부드러운 목소리로 말했다. 한껏 달아오른 분위기를 자신이 차갑게 식혀 버렸다고 생각한 모양이었다.

"다음 책은 위인전 어때?"

내가 먼저 말했다.

"위인전? 좋은데?"

"각자 좋아하는 사람의 위인전을 읽어 오는 건 어때?"

아이들은 위인전을 읽자는 내 말에 앞 다퉈 의견을 냈다. 그렇게 우리는 각자 위인전을 선택해 읽고 이야기를 나누기로 했다.

"리건아, 자리 옮기길 잘한 것 같아."

모임을 마치고 창해가 내게 다가와 말했다.

"응? 진짜? 다행이다."

"너 아니었으면 모임은커녕 아직까지 지우랑 싸우고 있었을 거야."

"에이, 뭘. 지우랑 네가 예전처럼 오해 풀고 다시 친해졌으면 좋겠어."

"오해는 무슨. 갑자기 지우가 날 모른 척하는데 이유라도 알

아야 다시 친하게 지낼 거 아니야."

창해는 짜증난다는 듯 고개를 절레절레 흔들었다.

"그래도 지우랑 한 번 더 이야기해 보는 건 어때?"

"내가 왜? 그리고 지우 변했어. 예전의 지우가 아닌 것 같아."

창해가 한숨을 폭 쉬며 고개를 떨궜다.

나는 연우와의 일 때문에 지우가 창해를 껄끄러워한다는 사실을 말하려다가 간신히 참았다. 괜히 나 때문에 또 다른 오해가 생길 것 같았다.

아무래도 지우와 창해가 화해할 수 있는 방법을 빨리 찾아야 할 것 같다.

'캔자스-네브래스카 법(Kansas-Nebraska Act)'이 통과되자 나는 마음이 급해졌다. 정치 활동 대신 택한 5년 동안의 긴 침묵에서 벗어났다.

노예제도는 점점 미국을 두 동강 낼 만큼 위험한 문제로 발

전했다. 서부의 드넓은 개척지를 두고 북부와 남부는 빈번하게 부딪쳤다. 양쪽 모두 서부의 땅을 차지하고 싶어 했다. 무엇보다 새로운 주가 미국 연방에 속하게 될 때마다 넘어야 할 문제가 있었다. 노예제도를 허용할 것인가, 금지할 것인가에 대한 결정이 필요했다.

1820년 미주리 주의 연방 가입을 두고 자유주 북부와 노예주 남부 간에 '미주리 협정(Missouri Compromise)'이 체결되었다. 매사추세츠 주의 일부인 메인 지방을 자유주로 하고 미주리를 노예주로 할 것, 미주리 주의 남부 경계인 북위 36도 30분 이북에는 노예주를 설치하지 않을 것, 자유주와 노예주의 수를 같은 수로 유지할 것 등이 주요 내용이었다. 결국 캔자스 주와 네브래스카 주에 새로 속한 땅에서는 노예제를 금지했다.

그런데 1854년 제정된 '캔자스-네브래스카 법'은 미국이 캔자스와 네브래스카 준주를 창설해 새로운 토지를 개방한 법으로, 개척자들 스스로 노예제 인정 여부를 결정할 수 있도록 했다. 그 결과 미주리 협정을 철폐하는 데 큰 영향을 주며 이후 이 법에 근거한 결정들은 국가를 분열시켰고 남북전쟁의 불씨가 되었다.

노예제도를 억눌러 온 미주리 협정을 깨고 사실상 노예제도를 허용하는 법이 통과되자 나는 가만히 있을 수 없었다. 일리노이 주 전 지역을 돌며 노예제도를 반대하는 당을 위해 연설을 했다.

"노예제도는 끔찍하도록 불공평한 것입니다."

"누구도 빼앗을 수 없는 인간의 고유한 권리를 지키기 위해 세워진 나라에서 통제할 수 없이 커져만 가는 암 세포와 다를 게 없습니다."

"노예제도는 정의에 어긋날 뿐만 아니라 모든 사람의 권리를 위협하는 것입니다. 만일 노예제도가 아무런 방해도 받지 않고 퍼져 나간다면 백인 노동자는 흑인 노예에 밀려서 일자리를 잃고 말 것입니다."

"노예제도는 민주주의의 근본을 해치는 악습입니다."

"나는 노예도 주인도 되지 않을 것입니다. 내겐 이것이 민주주의의 이념입니다. 이 이념에서 멀어지면 멀어질수록 그것은 민주주의가 아닙니다."

나는 연설을 하는 곳마다 노예제도를 왜 반대하는지 역설했다. 마음속에는 '모든 사람은 태어나면서부터 평등하며 생명, 자유, 행복을 추구할 권리가 있다.'라고 한 「독립선언문」 정신을 간직했다.

1856년, 우려했던 일들이 벌어졌다. 캔자스 주에서 영토 전쟁이 불붙은 것이다. 북부와 남부가 캔자스 주를 차지하기 위해 부정 선거, 방화, 폭행, 암살을 일삼았다.

그러던 중 1857년 대법원은 '드레드 스콧' 사건을 두고, 노예 금지가 헌법에 나와 있는 사유재산권 보장에 어긋나기 때문에 전국 어디에서도 노예제도를 막을 수 없다는 판결을 내렸다.

이 사건은 흑인 노예 스콧이 자유의 몸이라고 주장하며 법원에 소송을 제기한 사건이었다. 당시 스콧의 주인이 두 번이나 자신을 북부의 자유 지역에 데려갔다는 이유였다. 하지만 대법원은 스콧을 자유인으로 인정하지 않았다. 이 판결은 노예제 폐지론자들에게 큰 충격을 안겼다.

나는 대법원의 판결문을 꼼꼼하게 살핀 다음 이렇게 주장했다.
"드레드 스콧 사건의 판결은 엄연히 잘못된 판결입니다. 그동안 대법원이 스스로 결정을 뒤집는 경우가 몇 번 있었습니다. 이번 판결도 대법원이 모든 방법을 다해서 스스로 취소해야 합니다."

 이후에도 노예제도를 둘러싼 논란은 끊이질 않았다.

하원의원이었던 나는 상원의원 선거에서 낙선했지만 공화당의 대통령 후보가 되었고 1860년 16대 미국 대통령에 당선되었다.

그러나 대통령 취임 선서를 하기 3개월 전에 노예제도 폐지에 반발한 사우스캐롤라이나 주가 이미 독립을 선언했다. 대통령 취임 후에도 남부에서는 7개 주가 독립을 선언했고 4개 주도 그 뒤를 따르려고 했다. 그러던 중 남부에서는 제퍼슨 데이비스를 남부 연합의 대통령으로 따로 선출했다.

나는 취임 연설에서 이미 존재하는 남부의 노예제도에 대해서는 간섭하지 않겠다고 약속하며 남부 사람들을 설득했지만, 2주가 채 지나지 않아 섬터 요새는 남부 반란군에게 공격을 당했다.

남북전쟁의 시작이었다.

"우리가 전쟁에 뛰어든 것은 노예제도를 없애기 위해서가 아니라 남부에 성조기를 다시 꽂기 위해서입니다. 지금 원칙을 바꾼다면 우리 명분이 약해질 뿐 아니라 공연한 배신감만 불러일으킬 수 있어요."

그러나 노예제 폐지론자들은 노예 해방 선언을 해야 한다고 요구했다.

나는 망설였다. 남부와 북부 그리고 경계 주까지 신경을 쓰지 않을 수 없었기 때문이다. 고심 끝에 나는 노예제도를 완전히 없애기 위해서 대담하게 나서기로 했다. 노예 해방을 위해 피 흘리는 것을 감수하기로 한 것이다.

수많은 노예들이 남부의 경계선을 넘어 탈출해 왔고 이미 북부군으로의 입대 준비를 마친 노예들도 많았다.

이제 남북전쟁의 목적은 노예 해방이 되었다.

1862년 9월 22일, 나는 노예 해방 예비 선언을 발표했다.

"이 최고의 선언이 발표되는 정의로운 순간을 살아서 만나게 되어 기쁨을 소리 내어 외칩니다."

그동안 나를 거세게 비판해 온 흑인 지도자이자 노예제도 폐지론자인 프레더릭 더글러스도 기쁨을 숨기지 않았다.

그리고 이듬해 첫날 나는 노예해방령 문서에 정식으로 서명했다. 노예 해방을 밀어붙이라는 국민의 뜻을 가슴에 품었다.

몇 달 동안 미국 전역에서는 노예제도를 폐지하도록 헌법을 수정할 것을 요구했다. 헌법에 명시되지 않는 한 진정한 노예 해방은 이루어질 수 없기 때문이었다.

1864년 겨울, 나는 헌법 수정을 반대하는 의원들을 설득했다. 그 결과 1865년 1월 31일 국회 최종투표를 통해 미국에서

노예제도를 완전히 없앤다는 내용의 '수정헌법 제13조'를 통과시켰다.

한 달 뒤, 나는 두 번째 대통령 취임 연설에 나섰다.

"아무런 원한도 없이 모든 이들에 대한 연민만을 지닌 채, 신의 뜻 그대로 올바른 것에 대한 확신을 품은 채 우리의 할 일을 다 하기 위한 몸부림을 멈추지 맙시다. 이 나라의 상처에 붕대를 감는 일, 오랜 전쟁을 견뎌낸 병사들과 미망인들, 고아들을 돌보는 일, 다시 말해서 우리 사이에 또한 모든 나라에 올바른 평화를 이루어 이를 영원히 간직하기 위해 할 수 있는 모든 일을 멈추지 맙시다."

나는 남부 사람들을 증오하지도 않고 그들에게 앙심을 품지 않는다고 여러 번 강조했다. 오로지 하나 된 미국의 상처를 싸매는 일이 가장 중요하다고 말했다.

흔들리는 지우

책여세 아이들은 정해진 책을 한 명도 빠짐없이 다 읽어 왔다. 다들 학교는 물론 학원 숙제까지 하느라 바쁜 와중에 모임에서 각자의 생각을 나누는 재미에 푹 빠지고 있었다.

창해와 유진이는 책여세에서 읽은 책들의 북트레일러를 만들어 소개하자며 직접 만들기로 했다. 누구보다 책여세에 진심인 유진이는 웹툰 작가가 꿈이어서 그림을 곧잘 그렸다. 며칠 사이에 두 권의 북트레일러가 뚝딱 만들어졌다. 유진이가 그린 그림을 영상으로 옮기고 잔잔한 음악을 넣은 30초짜리 영상이었다.

그사이 춤신춤왕은 계속 삐걱거렸다. 순서를 외우지 못해 자꾸 틀리는 아이들에게 누리가 짜증내는 일이 잦아졌고, 지우는 아이들에게 날마다 연습한 영상을 올리라는 숙제를 냈다. 그러다 보니 아이들은 강압적인 태도에 지쳐 불만을 갖기 시작했다.

"지우야, 너 너무 독재자 같아."

이미 순서를 다 외우고 다른 아이들을 돕던 기영이가 말했다.

"독재라니! 동아리 심사 때 점수 잘 받으려면 우린 더 연습해야 돼."

지우가 버럭 화를 냈다. 지우는 조급해하고 있었다. 춤을 그리 잘 추지 못하는 만큼 지우는 누구보다 연습을 많이 하고 있었다. 다른 아이들과 마찬가지로 나도 춤을 틀릴 때마다 눈치가 보였다.

그러다가 다 같이 모여서 연습하기로 한 날을 앞두고 아이들 앞에서 지우의 체면이 떨어지는 일이 생겼다. 아이들 앞에서 지우가 주뼛대며 말했다.

"얘들아, 내일 연습 다른 날로 바꿀 수 없을까?"

도우미 아주머니가 사정이 생겨서 연우를 볼 수 없게 된 것이다. 엄마 아빠도 일찍 퇴근하기 어려워 어쩔 수 없다고 했다.

"뭐야, 네가 무조건 참석하라고 해서 학원 수업까지 바꿨는데 어떡해."

"다 모여서 하는 연습은 아무도 빠지면 안 되지. 날짜 바꾸는 게 쉽냐?"

"내가 다른 날로 하면 안 되냐고 했는데 네가 절대 안 된다며."

아이들은 여기저기서 볼멘소리를 한마디씩 했다.

"알았어! 연우 데리고 오면 되잖아!"

지우의 얼굴이 일그러지더니 버럭 소리쳤다.

지우는 친구들에게 연우 얘기를 일부러 하지 않았다. 보여 주기 싫은 것이다. 자신이 아이들을 독하게 대한 것이 부메랑처럼 날아와 지우는 당황한 것 같았다.

한편으로는 연우를 데리고 와서까지 연습에 참여하겠다는 말은 춤신춤왕을 어떻게든 이끌겠다는 책임감이 느껴졌다.

지우가 입술을 꽉 깨물고 부들부들 몸을 떨었다.

"연우 데리고 오면 내가 봐줄게."

내가 지우의 어깨를 다독이며 말했다. 그러자 지우가 웃을 듯 말 듯 입술을 일그러트렸다.

다음 날, 예정된 연습 시간이 되었다.

지우가 연우를 데리고 나타났다. 아이들은 연우에게 다가가 예쁘다며 머리를 쓰다듬고 말을 걸었다.

바로 그때, 연우가 갑자기 꽥, 하고 소리를 질렀다. 아이들은 깜짝 놀라 연우에게서 멀찍이 떨어졌다.

"괜찮아. 연우야. 언니 친구들이야. 괜찮아."

지우가 연우의 등을 토닥이며 달랬지만 연우는 자기 머리를 때리면서 발버둥을 쳤다.

"연우야, 오빠 알지? 지난번에 아기고양이하고 놀았잖아."

창해였다.

"아기고양이?"

속삭이는 듯한 창해의 목소리을 듣고 연우가 머리 때리는 걸 멈추었다.

"응, 아기고양이. 아기고양이 불쌍해. 보살펴 줘야 해."

연우가 말했다.

"우리 아기고양이 또 보러 갈까?"

"응."

연우가 아무 일도 없었다는 듯 창해를 따라나섰다.

"남연우!"

그러자 지우가 급히 연우를 붙들었다.

"괜찮아. 연우는 날 알고 있어. 너희 연습하는 동안 학교 뒤에 있는 사육장에 가 있을게."

창해가 무뚝뚝한 말투로 말하면서 연우의 손을 잡았다. 지우도 창해의 제안이 최선이라고 생각했다. 다만 창해의 손을 잡고 가는 연우를 보자 마음이 이상했다.

"네 동생 되게 귀엽다."

누리가 지우의 표정을 살피며 슬쩍 말을 걸었지만 지우는 아무런 대꾸도 하지 않고 연습 준비를 시작했다.

여덟 명 모두 모인 연습은 순조로웠다. 이제 순서를 틀리는 아이도 없었다. 처음으로 한 곡을 아무 실수 없이 끝냈다. 춤신 춤왕 아이들은 그제야 다 같이 웃었다. 그동안의 고생을 보상받는 기분이었다.

연습이 모두 끝나고 지우와 나는 사육장으로 달려갔다. 연우는 창해 옆에 쪼그리고 앉아 사육장 안의 토끼에게 배추 잎을 주고 있었다.

"연우야, 집에 가자."

지우가 연우의 손을 잡아 일으켰다.

"창해, 네 덕분에 '와이 와이 와이' 춤 끝까지 맞춰 볼 수 있었어."

내가 창해의 팔을 장난스럽게 툭 치며 말하자 지우가 창해 쪽을 흘깃거렸다.

"야, 남지우! 고마우면 고맙다고 해."

내가 말했다.

"아냐, 나도 연우 좋아하니까 같이 논 것뿐이야."

창해가 손을 휘휘 저었다.

"고, 고마워."

지우가 눈을 떨구면서 작은 목소리로 말했다. 지우의 입에서 고맙다는 말이 나오다니, 나와 창해는 깜짝 놀라 동그랗게 뜬 눈을 서로 마주쳤다.

"고마우면 떡볶이나 사."

내가 지우의 등을 떠밀었다. 지금이 지우와 창해가 화해하기 딱 좋은 순간이었다. 지우가 우물쭈물 대답하려던 그 순간, 지우의 휴대폰이 울렸다.

"어, 누리야. 뭐? 진짜? 어떡하지. 응, 응, 일단 채팅방에 올려 줘."

통화를 마친 지우가 한숨을 푹 쉬었다.

"누리가 우즈베키스탄에 가야 한대. 할머니께서 위독하시 대. 어떡하지, 우리?"

지우가 두 손으로 얼굴을 가렸다.

"언니, 떡볶이 사 줘."

연우가 지우의 손을 끌었다.

"야, 지금 떡볶이 먹을 때야? 어휴……."

"언니는 떡볶이 산다. 가자."

지우는 이마에 손을 짚은 연우의 손을 거칠게 잡아끌었다. 그렇게 둘은 집으로 돌아갔다. 가는 길에 떡볶이를 사 먹었는 지는 알 수 없었다.

"아, 너랑 지우 화해시킬 수 있었는데 아깝다."

내 혼잣말을 듣고 창해가 피식 웃었다.

"창해야, 지우가 왜 널 싫어하는지 궁금하지 않아? 갑자기 모른 척했다며."

"몰라, 알고 싶지도 않고. 원래 그런 애라고 생각할래."

"지우 원래 그런 애 아니라는 거 너도 잘 알잖아. 사실은 말이야……."

나는 지우가 창해를 어떻게 생각하는지, 둘 사이가 변하게 된 이유가 무엇이었는지 창해에게 직접 말했다.

"참나, 어이가 없다. 연우가 창피하다고? 말도 안 돼. 나를 그 정도로밖에 생각하지 않았다는 거잖아."

창해는 내 얘기를 듣고 서운한 마음을 감추지 못했다. 그러고는 먼저 집에 가겠다며 자리를 떠났다.

"하, 실패인가? 아니, 얘네 둘 화해시키는 게 북부와 남부를 이끄는 것보다 더 어려운 것 같아."

나는 고개를 절레절레 흔들었다.

창해의 비밀

누리가 우즈베키스탄으로 가 있는 동안 우려한 것처럼 춤신 춤왕은 위기를 맞았다. 누리의 춤 영상만으로는 연습을 해도 춤 실력이 더 나아지지 않았다. 모든 동작을 외워서 출 수는 있지만 세세한 부분을 고쳐 더 멋진 느낌을 내는 건 우리끼리 할 수 없었다.

누리 없이 매번 순서만 맞추는 연습이 계속되자 아이들은 하나둘 연습에 나오지 않았다. 어떤 아이들은 이제 재미가 없다며 탈퇴하겠다는 아이도 생겼다.

"야, 지금 나가면 어떡해. 다음 주가 발표인데."

지우는 어르고 달래고 화도 내면서 아이들을 잡았다.

"아니, 동아리면 재미있어야 하는데 재미가 하나도 없잖아."

"몰라, 춤추는 게 좋아서 들어왔는데 너무 어려워."

"여기서 진도가 안 나가잖아. 시간 낭비 같아."

며칠 사이 회원은 지우, 은유, 그리고 나, 이렇게 세 명으로 줄었다. 이 소식을 누리에게 메시지로 전했다. 메시지를 읽은 누리는 괜히 자기 때문에 이렇게 된 것 같다며 미안해했다.

"그런데 나 금방 못 갈 것 같아. 엄마 아빠가 여기서 일을 좀 더 봐야 한대. 할머니 장례식은 마쳤지만."

"네가 온다고 달라지진 않을 거야. 그러니까 여기 걱정은 말고 잘 있다가 와."

지우는 누리가 없어서 관둔다는 아이들의 말을 차마 전할 수 없었다. 한편으로는 창해보다 멋진 동아리를 만들고 싶었는데 그러지 못해 분한 마음도 있었다.

"네 탓이 아냐."

내가 지우의 어깨를 토닥이며 말했다.

"아냐, 내 탓이야. 춤을 잘 추지도 못하고 아이들의 마음을 다 헤아리지도 못하면서 동아리를 만들었어. 솔직히 창해보다 잘하고 싶어서 무리한 건지도 몰라."

지우가 속마음을 말하면서 자기 머리를 쥐어뜯었다.

"그래도 춤 동아리를 직접 만들고 지금까지 이끈 건 대단한 거야."

"아냐, 춤알못 주제에 누리한테 떠맡기고 애들을 닦달한 내 잘못이야."

나는 자책하는 지우가 짠해 보였다.

"맞다. 연우는 잘 지내? 그날 창해하고 친해 보이던데."

"뭐 그냥 잘 지내. 창해 걔는 왜 나서서 그러는지 모르겠지만."

그때와 달리 지우는 괜한 자존심 때문인지 창해를 무시하듯 말했다. 둘 사이가 조금 가까워졌다고 생각했는데 순전히 내 생각이었다.

"에이, 창해가 너 도와주려고 그런 거지. 덕분에 우리 연습 잘 했잖아."

"야, 우리 춤신춤왕 망했다고 창해 편드는 거냐?"

"아니, 난 그냥……."

지우가 빈정이 상했는지 휙 돌아 가 버렸다.

"하, 얘들의 마음은 정말 알다가도 모르겠다."

나는 집으로 돌아가는 길에 혼잣말을 하며 한숨을 쉬었다.

"그러다 땅 꺼지겠다."

태곤이었다.

"넌 참 좋겠다. 언제 어디서나 뽕 하고 나타났다 뽕 하고 사라질 수 있으니까."

"헤헤, 아무나 이승과 저승을 오갈 수 있는 게 아니지. 왜, 뭐가 잘 안 돼?"

"내가 지우랑 창해 마음속에 들어갔다 나올 수 있으면 좋겠어. 휴."

나는 한숨을 다시 크게 쉬었다.

"흠, 생전에, 아니 링컨으로 살았을 때, 너의 별명이 '정직한 에이브'였잖아. 친구들의 있는 그대로를 받아들여 보면 어떨까?"

"있는 그대로?"

태곤의 말에 뭔가 실마리가 잡히는 기분이 들었다.

"뭘, 있는 그대로야."

뒤돌아보니 창해가 서 있었다. 창해는 심부름을 다녀오는 길이라며 마트 장바구니를 들고 있었다.

"오, 웬일이야? 학교 끝나자마자 심부름도 하고."

내 말에 창해가 피식 웃었다.

"우리 친구 맞지?"

"친구? 맞지."

창해가 내 질문에 의아해하며 대답했다.

"그럼 나 너희 집 놀러가도 돼?"

내가 묻자 창해가 당황하며 말을 더듬었다.

"지, 집? 우리 집?"

"우리 책여세 모임 각자 집에서도 하기로 했잖아. 애들은 당연히 다음 모임은 회장인 너희 집에서 하는 것으로 아는 것 같더라고. 그런데 너는 아무 말도 없으니까, 혹시 곤란한 일이 있나 싶어서."

내 말에 창해는 입을 꾹 다물고 잠깐 동안 말이 없었다.

"혹시 고민이 있으면 우리 터놓고 이야기해 볼래? 있는 그대로의 네 모습을 나도 알고 싶어."

나는 너무 나갔나 싶어 말이 끝나기 무섭게 입을 꽉 다물었다.

"지금 시간 있어?"

창해가 고심 끝에 물었다.

"응, 난 항상 시간 있지. 학원 안 가니까."

"그래? 그럼 나랑 지금 갈래? 우리 집?"

뜻밖의 제안에 나는 창해의 뒤를 따랐다.

창해네 집은 넓지도 좁지도 않았다. 다만 짐처럼 보이는 박스가 거실 한구석에 층층이 쌓여 있었고, 아무도 없는지 조용했다.

"잠깐 여기 앉아 있어."

창해는 나를 소파에 앉혀 놓고 장봐 온 것을 능숙하게 정리했다. 그때 문간방의 문이 열리면서 백발의 할머니가 천천히 걸어 나왔다.

"이 간나가 어디 갔다 완? 내래 밥도 아직 못 먹었어. 내 밥 내놔! 내 돈도 내놔. 그거이 우리 아바지가 준 거이야. 어서 안 내놔!"

할머니는 창해를 보고 낯선 말투로 다짜고짜 욕을 해댔다.

"할머니, 조금 전에 밥 먹었잖아."

"뭐시, 이 간나가 그기 어데서 배워 먹은 버르장머리간. 날래 밥 차리라우!"

할머니는 화장실 안에 세워져 있던 밀대걸레를 들고 와 창해 한테 휘두르려고 했다. 나는 놀라서 할머니의 팔을 붙들었다.

"할, 할머니, 이러지 마세요."

할머니가 나를 쳐다보았다.

"아니, 오래비는 언제 왔나. 오마니가 여태 기다리다 고저 먼저 출발했시오. 우리도 날래 가자오."

갑자기 할머니가 내 손을 잡아끌었다.

"창해야."

나는 창해에게 도움의 눈길을 보냈다.

"할머니, 사탕 줄게."

창해가 막대사탕을 손에 쥐어 주자 할머니는 금방 순해졌다. 그러자 창해가 조심히 할머니를 방 안으로 다시 모셨다.

"내가 왜 우리 집에 가자는 말 안 했는지 알겠지?"

할머니 방에서 나온 창해가 말했다.

"아, 어……. 미안."

나는 괜히 미안했다. 지우가 연우를 아이들에게 보이고 싶어 하지 않았던 것처럼 창해도 아이들을 자기 집에 데려 오고 싶지 않았던 것이다.

"우리 할머니는 치매야. 가끔 이렇게 욕을 하고 물건도 던지고 난폭해져서 누굴 데려오지 못해."

창해가 굳은 얼굴로 말했다.

"근데 너희 할머니 사투리 쓰시는 거야?"

"응, 우리 할머니랑 엄마는 북한에서 왔어. 같이 오지 못했던 할아버지는 지금도 소식을 모른대. 엄마는 여기서 아빠를 만나 결혼했어."

창해가 생각지 못한 이야기를 담담하게 말했다.

"반 애들은 내가 탈북 가족인 거 몰라. 지우 빼고……."

"지우만 안다고? 생각보다 더 친했구나, 둘이."

나는 일부러 더 놀라는 시늉을 했다.

"그럼 지우가 연우를 창피하게 생각하는 건 어떻게 생각해?"

"뭐? 갑자기 연우가 왜 나와? 어떻게 자기 동생을 창피해하지? 지우 걘 진짜 말이 안 통해."

지우 얘기에 창해가 기겁하며 말했다.

"그럼 네가 탈북가족이라는 이유로, 그리고 할머니가 치매라는 이유로 부끄러워하는 건 어떻게 생각해?"

"뭐? 그, 그건……."

내 질문에 창해는 말을 잇지 못하고 더듬거렸다.

"그러니까 너희 둘 다 정말 부끄러워해야 하는 게 무엇인지 아직 모르는 것 같아. 정말 부끄러운 건 너희의 그 잘못된 생각이야."

내가 따끔하게 말하자 창해가 뒷머리를 긁적이며 물었다.

"근데 진짜 지우는 연우가 부끄럽대?"

"그래, 네가 연우를 아는 게 부끄럽고, 연우가 널 잘 따르는 것도 싫대. 가족들도 널 칭찬하는 게 속상하대."

나는 지우에게서 들은 이야기를 창해에게 전했다.

창해는 한참 생각에 잠겼다가 어렵게 입을 뗐다.

"아무래도 나 지우 만나서 얘기해 봐야겠어."

창해가 결심한 듯 말했다.

"진짜? 그래, 만나서 이야기하면 다 풀릴 거야. 잘 생각했어."

나는 창해와 같이 지우 집으로 향했다. 마침 지우는 연우와 놀이터에 나와 있었다.

"뭐야, 너희 둘이 웬일이야."

지우가 떨떠름하게 대꾸했다.

나는 눈치껏 시소에 앉은 연우에게 다가갔다. 시소 맞은편에 앉아서 연우가 올라갔다 내려갔다 하는 걸 반복하자 연우는 까르륵 웃었다.

그사이 놀이터 한쪽에서 지우와 창해가 어색한 대화를 이어

나갔다.

"야, 그게 뭐! 누리는 우즈베키스탄에서 오고 엄마 아빠 중에 외국에서 온 아이들이 우리 학교에 스무 명도 더 되는데 걔네한테 우리가 차별하냐? 북한이라고 다를까 봐? 말이 되는 소리를 해라."

지우가 버럭 화를 내는 소리가 들렸다.

"그러는 넌, 연우가 나를 좋아해서 질투난다며?"

창해도 지지 않았다. 둘 다 목소리가 커지며 티격태격했지만 속마음을 시원하게 말하고 있어서인지 왠지 표정은 밝아 보였다. 드디어 둘 사이가 좁혀지는 것 같았다.

"으애애앵!"

그때 연우가 울음을 터뜨렸다. 지우와 창해가 놀라서 달려왔다.

"연우야, 괜찮아?"

지우와 창해가 동시에 물었다.

"연우 손가락 아파."

시소 바닥이 닿는 부분에 손을 찧은 것 같았다.

"야, 오리건! 큰일 날 뻔했잖아!"

둘이 한꺼번에 나를 향해 소리쳤다.

"어, 뭐지, 이건."

나는 어이없는 표정으로 둘을 바라보았다. 그제야 지우와 창해는 서로를 바라보며 멋쩍게 웃었다. 다행히 연우는 조금 놀랐을 뿐 손가락은 살짝 빨갛기만 했다.

우리 셋은 누가 먼저라고 할 것 없이 연우에게 달려들어 입김을 호, 하고 불어 주었다.

"너희 둘 이젠 화해한 거지?"

내가 묻자 지우와 창해는 멋쩍은지 슬그머니 자리를 피했다. 오히려 둘을 화해시키려고 가장 노력한 나만 연우를 다치게 한 사람이 된 것 같아 어안이 벙벙했다.

조금 억울하지만 그래도 어찌됐든 둘이 화해해서 다행이었다.

반면 열심히 했지만 결과가 좋지 않았던 일이 떠올랐다. 더글러스 위원과 상원의원 자리를 놓고 벌인 공개 토론 날이었다.

"나는 선거 결과가 어떻든 상관없습니다. 노예제를 찬성하든 반대하든 말입니다. 이는 오직 돈에 관한 문제입니다. 전지전능하신 하느님은 이 대륙에 선을 그어 한쪽은 반드시 노예 노동자가 일하도록 하고 다른 한쪽에는 노예 노동자가 필요하지 않도록 만들었습니다."

더글러스가 먼저 주장을 펼쳤다.

"이 세상은 보상의 세계입니다. 노예가 되고 싶지 않은 자는 주인이 되고 싶지 않아야 합니다. 타인의 자유를 부인하는 자는 그 자신도 자유를 누릴 가치가 없습니다."

나는 더글러스의 주장에 반박했다.

더글러스는 나보다 높은 교육을 받았고 나와 비교할 수 없을 정도로 경력이 많은 정치인이었다. 그럼에도 난 그에게 지지 않고 내 생각을 변함없이 말했다. 오히려 더 많은 사람들에게 내 생각을 알리는 데 좋은 기회였다.

"저는 미국 상원에 욕심을 내지 않는다고 말하지 않습니다. 저는 위선적이지 않습니다. 거짓말을 하지 않습니다. 그러나 이 엄청난 문제를 목전에 두고 이것이 여러분에게 아무 일도 아니라고, 이 나라의 국민에게 아무 일도 아니라고는 말할 수 없습니다. 우리들에게 사소한 일일 수 있지만 이것은 이 나라의 운명을 좌우할 수도 있는 문제입니다. 절대 아무 일이 아니지 않습니다."

그리고 나는 「독립선언문」을 인용해 덧붙였다.

"모든 인간은 동등하게 태어났다고 한 독립선언은 우리 자유 체제의 가장 기본 원칙이라고 믿습니다. 흑인을 노예로 삼는 것은 이 원칙을 침해합니다. 그러나 우리의 정부는 이 원칙이 법적인 구속력이 없다고 합니다. 노예제를 실시 중인 주들에게 그들의 뜻대로 노예제를 유지하거나 포기해야 한다고 우리 정부는 말합니다. 우리 정부는 노예제가 이미 존재했던 현실의 필요에 의해 구성되었습니다. 따라서 노예제가 존재하지 않은 영토에서는 정부가 구성될 필요가 없다고 생각합니다. 제가 이해하기로 예전에는 노예의 주인이 원한다면 그들의 노예를 해방시키기도 했습니다. 그러나 노예 해방에 관한 법률이 제정되면서부터 이러한 노예 해방은 거의 금지되었습니다."

나는 이미 있는 노예 해방에 관한 법률은 폐기되어야 한다고 생각했다.

"노예제를 국가가 공식적으로 인정하려는 계획을 우리 모두가 반대해야 한다고 생각합니다. 이미 힘을 잃은 과거나 먼 미래의 문제에 대한 사소한 생각 차이 대신 현재의 투쟁에 함께 힘을 모으기를 희망합니다."

나는 내 의견을 당당히 말하며 분위기를 이어나갔다.

"나는 이 나라가 반은 노예, 반은 자유인 상태로 영원히 지속될 수 없다고 거듭 말하고 있습니다. 만약 하나의 노예 국가가 인정된다고 해도 영원히 노예 국가로 지속되고 자리 잡을 것이라고는 결코 생각하지 않습니다."

진정한 통합은 사람들이 분열된 사회에서 결코 이루어질 수 없으며, 사람들의 연대와 사회 전체의 노력이 필요하다는 것을 주장했다.

그러나 결과적으로 나는 더글러스에게 토론에서 패했다. 그렇게 더글러스는 상원의원이 되었고, 나는 다시 변호사 일을 해야 했다.

하지만 나는 꿈을 포기하지 않았다. 경쟁자들은 나를 배우지 못한 사람이라고 했지만 나는 스스로 배울 만큼 배웠다고 생각했다. 벤자민 프랭클린은 인쇄공이었으며 앤드류 잭슨은 마구 제조공의 조수였다는 사실을 결코 잊지 않았다.

이벤트

　창해와 지우는 몇 번 다시 만나 친해진 것처럼 보였다. 하지만 서로 대화를 할수록 생각이 엇나가는 일이 잦았다. 지우는 자신이 창해를 질투했다는 것만큼은 인정하지 않았다. 창해도 아무런 설명도 없이 자신을 미워한 지우에게 앙금이 남아 있었던 것 같았다.

　약속된 5주 중에 벌써 4주가 지났다. 세상에 이로운 일을 많이 해 보일 생각으로 왔는데 아직까지 창해와 지우의 갈등도 제대로 풀지 못하고 있었다.

결과적으로 내가 한 것은 아무것도 없었다. 이대로 저승에 간다면 분명 후회할 것이다.

내 인생에서 가장 중요한 목표였던 북부와 남부의 진정한 화해와 연방으로서의 미국을 바로 세우지 못하고 세상을 떠난 것이 못내 아쉬웠다. 마치 숙제를 끝내지 못한 채 학교에 가야 하는 기분으로 죽은 것이다. 그런데 여기서도 똑같이 내가 해야 할 일을 제대로 매듭 짓지 못한다면 나 자신에게 실망할 것이다.

"아, 그럼 어떻게 해야 하지?"

나는 침대에 누워 있다가 다시 책상 앞에 앉았다가 방 안을 서성였다.

"그래도 내가 나름 화합의 아이콘인데 초등학생 둘을 화해시키고 반을 하나로 만드는 게 이렇게 어려울 줄이야."

그때 태곤이 나타났다.

"오리건? 또 뭐가 문제야?"

태곤은 고개를 갸웃대며 내게 물었다.

"흠……. 어쩌지? 그냥 이대로 끝내야 하는 걸까?"

"링컨은 정직한 사람이었지. 일을 허투로 하지 않았어."

"아니, 허투루 하겠다는 게 아니라 시간을 좀 더 달라고. 아이들을 원래대로 되돌리려면 아무래도 시간이 걸릴 것 같아."

나는 얼굴을 살짝 찡그렸다.

"내 생각엔 말이야, 창해와 지우가 각자 억울한 마음을 모두에게 알리고 싶은 걸지도 몰라. 둘이 얘기할 때는 서로 이해하고 넘어갈 수 있는 부분이지만 아이들 앞에서 자기가 오해했다며 잘못을 인정하는 건 생각보다 쉽지 않거든. 다른 아이들한테도 자신의 진심을 알리고 싶지 않을까?"

"그렇게 억울하고 섭섭하면 직접 만나서 풀어야지, 다른 사람이 알고 모르고가 무슨 상관이야."

"그래서 사람들은 상대방 탓을 하지. 자신의 억울함을 푸는 방법 중에서 그게 가장 쉽거든."

"말도 안 돼. 지우와 창해가 그렇게 옹졸한 애들은 아니야."

나는 항변했다.

"아니, 내 생각이라고. 아무튼 시간은 더 줄 수 없어. 다른 사람들과 기회는 똑같아야 하니까."

태곤이 어깨를 살짝 올렸다 내렸다.

"아이들한테 자기 마음을 알리고 싶을 거라고?"

태곤의 말을 듣고 잠시 생각에 잠겼다. 태곤은 어느새 사라지고 없었다.

그때 미국의 화합을 위해 몇 번이고 무대에 올라 치열하게 찬반 토론을 했던 기억이 떠올랐다.

"좋아, 이벤트를 해 보자고 하자."

나는 선생님에게 아이들의 갈등을 해결하기 위한 이벤트를 해 보면 좋겠다고 메시지를 보냈다.

선생님은 내일 학교에서 구체적으로 얘기해 보자는 답장을 주셨다.

다음 날, 나는 선생님에게 내가 왜 창해와 지우 사이를 신경 쓰고 있는지를 설명하고 두 사람이 다시 친해지기 위해서는 대화 자리를 마련하는 게 좋겠다는 의견을 말했다. 선생님도 곰곰이 생각해 보더니 모두 함께 서로의 고민을 털어놓는 시간을 가져 보자고 했다.

"리건아, 너 많이 달라졌구나. 평소에 다른 친구한테는 관심도 없더니. 이젠 친구들 사이에 불거진 갈등에 관해 진지하게 고민하고 해결 방법까지 직접 생각했네?"

선생님의 칭찬이 어색했지만 내 생각이 옳다고 인정받는 것 같아서 기분이 좋았다.

잠시 후, 교실 앞에 선 선생님이 아이들을 둘러보며 말했다.

"여러분, 동아리 활동을 자발적으로 해 보라는 과제를 줬더니 우리 반에서는 두 동아리가 만들어졌죠. 그런데 그중 춤신춤왕은 며칠 전까지만 해도 활발히 활동하더니 사정상 활동을 중지하기로 했다고 하네요. 그래서 우리 반 대표 동아리는 책여세로 결정되었어요. 다양한 사람들을 하나의 목표를 향해 이끌고 함께 노력하는 것은 매우 어려운 일이에요. 물론 각자의 사정이 있었겠지만 선생님은 좀 놀랐어요. 누가 춤신춤왕이 활동을 중단할 수밖에 없게 된 이유를 말해 줄 수 있을까요?"

선생님의 말에 지우가 고개를 푹 숙였다.

"누리가 결석하는 바람에 춤을 가르칠 사람이 없어졌어요."

"춤은 누리가 보내 준 영상으로 충분했어. 우리가 열심히 안 한 거지."

"리더인 지우가 잘못 이끌었어요."

춤신춤왕에서 탈퇴한 아이들이 한마디씩 했다.

"나, 나는 열심히 했거든!"

그러자 지우가 소리를 꽥 질렀다.

"뭐야, 그걸 지우한테 떠넘기는 건 좀 아니지 않냐?"

아이들이 지우 탓을 하는 걸 가만히 보고만 있을 수 없었다. 마음이 좋지 않았다. 내 말에 신랄하게 탓할 곳을 찾던 아이들이 입을 꾹 다물었다.

"자자, 서로에게 책임을 넘기는 것도 좋지 않아요. 선생님이 동아리를 직접 만들고 운영해 보라고 했던 이유는 같은 취미를 가진 친구들이 서로 마음을 나누며 우정을 쌓기를 바랐기 때문이에요. 그렇게 모여서 이루어진 동아리가 사라진다는 것은 그럴 수밖에 없는 이유가 있었을 거예요. 누군가는 춤을 그렇게까지 좋아하지 않았을 수도 있고, 누군가는 춤에 자신은 없지만 열심히 해 보려다 쉽지 않다는 걸 느꼈을 수도 있어요. 그러니까 어느 한 사람의 탓은 아니라는 거죠. 오히려 내가 정말 좋아하는 것이 무엇인지 다시 생각해 보는 계기가 되었을 수도 있겠네요."

선생님의 말에 지우가 줄곧 숙이고 있던 머리를 들었다.

"그럼 우리 반 동아리는 책여세 하나만 운영되는 거지요?"

선생님의 물음에 아이들이 두리번거리며 교실 안을 둘러보았다.

"선생님, 지금 책여세 들어가도 돼요?"

지우와 나랑 같이 춤신춤왕에 남았던 유진이가 물었다.

"그건 책여세 회원들과 의논해야겠죠? 참, 그리고 오늘은 여러분과 의논할 사항이 있어요."

선생님이 내 얼굴을 쳐다보며 말을 이었다.
"누군가에게 제대로 말할 수 없었던 고민들을 친구들한테 털어놓는 시간을 한 번쯤 가

져 보면 좋겠다고 리건이가 제안했어요. 말할 기회가 없다 보니 서로 오해가 쌓여 친구랑 멀어진 일도 있을 거예요."

"네, 맞아요. 저도 하고 싶은 말 많은데 들어주는 사람이 없어요."

미나가 손을 번쩍 들고 말했다.

"역시 그렇군요. 그래서 선생님이 '마음을 외치다'라고 이름

붙인 활동 프로그램을 해 보면 어떨까 해요."

선생님의 말이 끝나자 아이들이 웅성거렸다.

"마음을 외치다? 그게 뭐예요?"

"헐, 굳이 전 제 마음을 외치기 싫은데요."

"우와, 재밌겠다. 어떻게 하는 건데요?"

아이들은 각기 다른 반응을 보였다. 선생님은 '마음을 외치다'의 진행 방식을 간략히 설명하고 하고 싶은 사람의 신청을 받아 금요일 학급회의 시간에 진행하겠다고 말했다.

"지우야, 너 신청할 거야?"

사실 창해와 지우의 화해 프로젝트에 가까웠기 때문에 지우가 무조건 신청하길 바라는 마음으로 물었다.

"글쎄……."

"너 애들 앞에서 창해한테 하고 싶은 말 있지 않아?"

"아직 모르겠어."

확답을 하지 않는 지우를 보고 괜히 불안해졌다. 만약 지우가 신청하지 않는다면 반대로 창해가 신청해야 한다. 창해한테 다가가 물었다.

"부창해, 너 신청할 거지? 지우한테 하고 싶은 말 있잖아."

내 말에 창해가 고개를 끄덕였다. 다행이었다.

금요일 학급회의 시간이 되었다. 모두 열한 명이 '마음을 외치다'를 신청했다.

미리 뽑은 순서대로 각자 자기가 하고 싶은 말을 시작했다. 아이들은 생각보다 다양한 고민을 갖고 있었다.

"엄마, 내 말 좀 들어줘. 엄마는 자꾸 의사가 되라고 하지만 나는 의사 하기 싫어. 병원 가는 것도 싫은 사람이 어떻게 의사가 되겠어. 만약 내가 병원에서 일하기 원한다면 물리치료사 정도는 생각해 볼게. 엄마도 물리치료 받으러 가는 거 좋아하잖아."

동그란 안경을 쓴 소희가 큰 소리로 말했다.

선생님은 교실 뒤에 서서 아이들의 영상을 찍었다. 오늘 말한 내용을 들려 주고 싶은 사람에게 영상을 보여 주면 된다고 했다. 만약 보여 주고 싶지 않으면 그 자리에서 삭제하겠다는 약속도 했다.

"와, 진짜 속이 시원하다."

가장 먼저 발표를 끝낸 소희가 말했다. 신청을 하지 않은 아이들에게 지금 안 하면 후회할 거라며 부추기기까지 했다.

소희 다음으로 대여섯 명의 아이들이 자기 고민을 속 시원하게 털어놓았다. 지우가 신청했는지, 신청했다면 몇 번째인지 아직 알 수 없었다.

학급회의 시간이 거의 끝나갈 때쯤 지우가 조용히 일어나 앞으로 나갔다. 역시 지우도 하고 싶은 말이 있었던 거다. 지우는 조금 긴장한 것처럼 보였다. 선생님한테는 영상을 찍지 않았으면 좋겠다고 양해를 구했다.

"내 동생 연우야, 나는 네가 싫어."

지우가 첫 말을 내뱉자 교실 안이 조용해졌다. 다들 깜짝 놀란 것 같았다.

"엄마 아빠는 네가 어릴 때부터 널 위해서 사셨어. 당연히 나도 널 위해 학교가 끝나면 친구들과 놀지 못하고 집으로 곧장 가야 했어. 그러는데도 너에게 조금만 문제가 생겨도 내가 혼

났어. 지난번 네가 없어졌을 때, 그날도 엄마 아빠는 집에 와서 나를 혼냈어. 내 잘못도 아니었는데 말이야. 그런데 너는 나보다 처음 본 창해를 더 좋아하더라. 창해는 내게도 좋은 친구야. 네가 창해를 따를수록 이상하게 난 창해가 미웠어. 그러니까 창해는 영문도 모르고 내 미움을 받은 거야. 나도 내가 왜 이러

는지 모르겠어. 연우야, 미안해. 창해야, 미안해."

지우의 얼굴이 밝아 보였다.

지우가 창해 쪽으로 뚜벅뚜벅 다가가 악수를 청하자 창해도 망설임 없이 손을 맞잡았다. 지우의 진심을 알게 된 아이들이 너나 할 것 없이 뜨거운 박수로 두 사람을 응원했다.

바로 이어서 창해가 나와 발표를 시작했다. 창해는 북에 있는 할아버지에게 언젠가 꼭 만나고 싶다고 말했다. 그러고는 할머니는 자신이 잘 보살피겠다고 말하며 울먹였다. 이번엔 지우가 울음을 참고 있는 창해에게 다가가 등을 토닥였다.

"아, 맞다. 선생님, 저 교장선생님께 할 말 있어요."

자기 자리로 돌아온 창해가 손을 들고 말했다. 선생님은 시계를 한번 보고는 창해에게 한번 해 보라고 말했다.

"교장선생님께 드릴 말씀이 있어요. 교장선생님, 학교에 화단을 만들어 주세요. 사육장 옆을 지날 때마다 거기에 화단이 있으면 좋을 것 같다는 생각을 했어요. 꽃을 키우고 꽃나무를 저희가 직접 가꾸는 경험도 필요하다고 생각합니다. 아무리 화나고 짜증나는 일이 있더라도 화단에서만큼은 평화로운 시간을 보낼 수 있도록 꽃을 심고 싶어요."

창해의 건의사항을 듣고 아이들이 박수로 호응했다.

"맞아, 우리 학교에서는 꽃을 볼 수 없어. 커다란 화분에 벼하고 보리 심은 건 있어도."

"부창해, 너 6학년 올라가면 어린이 회장 선거에 나가라. 내가 찍어 줄게."

"나도, 나도."

갑자기 교실 안이 시끌시끌해졌다.

"교장선생님께 한 말은 내가 전달해 드릴게. 영상 필요한 사람들은 선생님한테 말하렴."

"아, 그냥 갖고 있을 걸 그랬나."

지우는 아까 선생님한테 영상을 찍지 말아 달라고 한 걸 후회 중인 것 같았다.

"지우야, 이따 우리 집에 놀러 갈래?"

그때 창해가 말했다.

"너희 집? 좋아. 그런데 연우 데리고 가도 돼? 오늘 엄마 아빠가 늦으셔서……."

"당연히 되지. 연우도 좋아할 거야."

"야, 나는 초대 안 하냐?"

내가 일부러 삐친 것처럼 말했다.

"당연히 너도 와야지. 사실 네가 중간에 껴서 엄청 애쓴 거 다 알고 있었어."

창해가 말했다.

"아, 진짜? 야, 너희 둘 남북을 화해시키는 것보다 더 힘들었던 거 알지?"

"뭐? 남북? 뭔 소리야. 아직 휴전 중인데 무슨 화해를 했다고 그래."

지우가 내 팔을 툭 치며 말했다. 나는 남북전쟁을 말했던 건데, 지우는 남과 북으로 갈린 한반도 이야기로 받아들인 모양이었다. 순간 들킨 게 아닐까 당황했지만 다행히 지우는 날 의심하지 않았다.

그 순간 누군가 큰 소리로 외쳤다.

"선생님! 친한 사람끼리 앉게 해 주세요. 안 친한 사람하고 짝을 해도 안 친해져요. 선생님, 저는 소희랑 짝 하고 싶어요."

준수가 외치자 옆에 앉은 민정이가 발끈했다.

"야, 나도 너 싫거든?"

그러자 소희가 일어나 외쳤다.

"선생님, 저는 준수랑 짝 하기 싫어요. 지금이 좋아요. 그래야 새로운 친구를 사귈 수 있어요."

"선생님, 저 정말 소희하고 짝 하고 싶다니까요."

"야! 싫다고!"

아이들이 웃는 소리가 교실 안에 한데 뭉쳐 크게 번졌다.

"자자, '마음을 외치다'는 각자 고민을 털어놓는 자리지, 짝을 바꿔 달라고 조르는 자리가 아니란다."

선생님이 싱긋 웃으며 준수를 자리에 앉혔다.

말이라는 건 참 신기하다. 마음이 담긴 고운 말은 듣는 사람에게 힘이 되기도 한다. 반면 나쁜 말은 듣는 사람의 마음까지 죽일 수 있다. 해야 할 말을 안 하거나, 하지 말아야 할 말을 했을 때도 마찬가지다. 그동안 우리 반 아이들의 고민도 결국 각자의 진심을 말로 전하지 못해 상처를 입거나 누군가를 상처 입혀서 발생한 것이다.

나는 대통령에 취임하며 노예제도라는 어마어마한 죄악에서 조국을 해방시키는 일에 몰두했다.

사람들은 말을 잘한다는 이유로 나를 좋아했다. 나는 연설할 때 쉬운 단어를 쓰면서 듣는 이들이 잘 이해할 수 있도록 노력했다. 그러려면 책을 많이 읽어야 했다. 한 책을 여러 번 읽으면서 마음에 드는 구절이나 글귀를 노트에 옮겨 적어 외우기도 했다. 그러면 그 한 권이 내 것처럼 느껴지고 연설할 때 자연스럽게 활용할 수 있게 된다.

그중에 사람들이 특히 좋아했던 연설이 떠올랐다.

"내 소년 시절에서 뭔가 특별한 점을 찾아내려는 것은 대단히 어리석은 일이죠. 그 시절 시인 토마스 그레이의 시에 나오는 짧은 문장으로 간단히 표현할 수 있어요. '가난한 자들의 짧고 단순한 연대기.' 그게 내 어린 시절이었어요. 누구에게나 그렇게 보일 거예요."

_ 1860년, 대통령 선거 본부에서.

"친애하는 국민 여러분, 우리는 역사를 비켜 갈 수 없습니다. 우리는 의식하지 못해도 역사는 이 자리에 모인 국회와 행정부의 우리를 기억할 것입니다. 노예들에게 자유를 주고 이를 계속 보장해 주는 모든 행위가 최대한 자유롭게 또한 영광되게 이뤄져야 할 것입니다. …… 내 이름이 역사에 남는다면 바로 이 일 때문입니다."

_ 1863년, '노예해방령'에 서명하면서.

"나는 25년 전 가난한 집 아들이라면 누구나 그랬듯이 남에게 고용되어 통나무를 쪼개고 배를 저었다는 사실을 하나도 부끄럽지 않게 고백할 수 있습니다. 모든 사람은 자신의 삶을 더 낫게 할 기회를 가져야 합니다. 당연히 흑인에게도 그럴 권리가 주어져야 합니다."

_ 1860년 3월, 뉴헤이븐에서.

"북부 사람과 남부 사람은 적이 아니라 동지입니다. 우리는 적이 될 수가 없습니다. 격렬한 감정이 우리의 애정의 유대를 왜곡할 수는 있어도 끊어 놓을 수는 없습니다. 전쟁터와 애

국지사의 무덤에서부터 사람들과 그들의 살림살이에 이르기까지, 이 광활한 땅에 걸쳐 있는 신비로운 기억의 현들은 일단 누군가 건드려 주기만 하면 다시 한 번 미국의 화음을 울려 퍼지게 할 것입니다. 물론 그때의 합창에는 인간의 훨씬 선한 본성이 담겨질 것입니다."

_ 1861년 3월 4일, 대통령 취임 연설에서.

"나는 항상 모든 사람은 자유인이어야 한다고 생각해 왔습니다. 그러나 누군가 노예가 되어야 한다면 첫 번째는 스스로를 위해 노예를 원한 이들, 두 번째는 타인을 위해 노예를 원한 이들이어야 할 것입니다. 누구든지 노예제도를 옹호하는 이를 볼 때마다 나는 우선 그 사람부터 노예로 만들어 버리고 싶은 강한 충동을 느낍니다."

_ 1865년, 북부군 부대 앞에서.

"나쁜 약속은 깨지는 게 낫습니다."

_ 1865년 4월, 마지막 대중 연설에서.

북쪽으로

 그날로 지우와 창해는 완전히 화해를 했다.

 우리 셋은 학교를 마치고 창해네 집으로 향했다. 지우는 그제야 창해가 할머니를 직접 돌보고 있다는 사실을 알았다. 연우를 잘 돌볼 수 있었던 것도 어쩌면 할머니와 생활하고 있기 때문이라는 것도 깨달았다.

 "내가 집에 아무도 안 데리고 오는 건 우리 할머니를 보고 놀랄까 봐 그런 거야. 그런데 할머니는 내 친구가 집에 오는 걸 좋아하더라고. 가끔 욕을 해서 그렇지."

창해가 내 얼굴을 쳐다보며 웃었다.

그 와중에 창해를 챙기는 할머니를 보니 지금은 정신이 드신 상태인 것 같았다.

"우리 창해 잘 놀기야."

할머니가 창해의 등을 토닥였다.

"너희 할머니, 엄청 좋으신데?"

지우가 물었다.

"응, 정신이 드실 땐 괜찮아."

창해는 잠깐 머뭇거리다 말했다.

"안 힘들어? 나도 우리 연우 돌볼 때 정말 힘들 때 많거든."

"음……. 할 만해."

창해가 지우의 물음에 고민하다 답했다.

"할머니는 여기 오신 뒤로 편찮으신 거야?"

지우는 할머니가 북한에서 건너왔다는 창해의 말에 궁금한 점을 물었다.

"모지르 힘들었쩨."

그때 할머니가 뭐라고 말했다. 지우는 동그래진 눈으로 할머니를 바라보았다.

"그래도 우리 창해가 이리 잘 자라니 내래 아무렇지도 안 하지비."

뭐라고 하는지 알아들을 수 없었지만 분명 창해를 칭찬하는 것 같았다.

할머니는 우리에게 만두를 쪄 주었다. 창해 말로는 며칠 뒤면 추석이라 정신이 들 때마다 음식을 하신다고 했다.

"그럼 지금 북한에는 누가 남아 있어?"

지우가 물었다.

"할아버지하고 삼촌들, 이모들."

창해는 말하면서도 할머니에게서 눈을 떼지 않았다. 그런데 할머니의 행동이 이상했다. 갑자기 만두를 먹고 있는 우리에게 다가오더니 화를 버럭 냈다.

"이 간나들이 우리 할아범 줄려고 찐 만두를 다 처먹고 있네."

그러고는 만두 그릇을 빼앗아 가더니 방 옷장 안에 숨겼다. 그 모습에 나와 지우는 깜짝 놀라 자리에서 벌떡 일어났다.

"미안해, 할머니. 할머니 혼자 다 먹어."

창해가 할머니 방에 대고 다정한 목소리로 말했다.

"야, 만두를 옷장 안에 넣으셨어. 어떡해?"

지우가 속삭이듯 말했다.

"나중에 주무실 때 내가 치우면 돼. 걱정 마."

창해가 담담하게 말했다.

"할머니께서 바라는 게 있는 걸까? 그걸 이루지 못해 답답해하시는 것 같아."

나는 새 접시에 담긴 두툼한 만두를 젓가락으로 집으며 말했다.

"음……. 우리 할머니는 북한에 남은 할아버지와 삼촌을 만나고 싶어 하셔. 그래서 정신이 온전하실 때면 할아버지, 삼촌이랑 찍은 사진을 하염없이 들여다봐."

창해가 착잡한 말투로 말하자 괜히 마음이 쓰였다. 가만히 있을 수 없었다.

"야, 우리 할머니를 위해 뭐라도 해 드릴까?"

지우는 두 눈을 동그랗게 뜨고 내 얼굴을 바라보며 물었다.

"할머니를 위해서? 우리가 뭘 해?"

"아, 맞다! 저번에 할머니가 티비 보다가 멀리서라도 고향 땅을 보고 싶다고 했는데 그땐 말이 안 된다고 생각했거든. 지금 생각해 보니까 방법이 있는 것 같아."

지우가 갑자기 신난 목소리로 말하면서 나를 마주 바라봤.

"통일전망대!"

창해와 내가 약속이라도 한 것처럼 동시에 외쳤다.

"우리가 할머니를 모시고 임진각 통일전망대에 가 보자."

"뭐? 통일전망대?"

지우는 내 말이 이해되지 않는 듯 고개를 갸웃했고, 창해는 뒷머리를 긁적이며 혼잣말을 했다.

"왜 그 생각을 못 했지? 그러고 보니 엄마 아빠가 바쁘다는 이유로 할머니를 거의 집 밖에 못 나가게 만들었네."

창해가 할머니 방문을 아련하게 바라보았다.

"에이, 거기까지 어떻게 모시고 가. 더구나 편찮으시잖아."

지우가 손사래를 치며 고개를 절레절레 흔들었다.

"내가 알기로는 시내버스 타고 문산역에 가서 경의선만 타면 임진강역까지 금방일 거야."

나도 모르게 통일전망대에 대한 정보들이 술술 입 밖으로 흘러나왔다.

"그건 그렇지만. 차라리 엄마한테 태워 달라고 할까?"

지우가 창해와 나를 번갈아 보며 물었다.

"우리 한번 어른들 도움 없이 해 보자. 임진각은 학교 견학으로 가 본 적도 있잖아."

나는 우리 힘으로 하고 싶었다. 그래야 아이들도 한 단계 더 성장할 수 있을 것 같았다.

"난 괜찮을 것 같아. 내가 할머니 옆에 붙어 있으면 괜찮을 거야."

창해가 고개를 끄덕였다.

"뭐, 너희가 그러고 싶다면……."

지우도 말끝을 흐리는 것으로 동의했다.

그날로 우리는 할머니의 통일전망대 방문 계획을 세워 나갔다. 날짜와 출발시간을 잡고 각자 부모님에게 허락을 구했다.

예상대로 부모님들은 우리끼리 할머니를 모시고 나가는 걸 반대했다. 창해네 엄마는 차라리 직접 데려다 주겠다고 했다. 이동 중 할머니한테 무슨 일이 생기면 우리끼리 대처할 수 없는 문제가 가장 컸다.

"그럼 플랜B로 이건 어때요?"

"플랜B?"

나는 창해 부모님께 플랜B를 제안했다.

할머니는 우리가 모시고 가지만, 거점인 임진각역, 그리고 통일전망대에서 자가용으로 이동할 창해네 부모님과 만나 할머니가 괜찮은지 확인하는 단계를 넣자고 했다. 만약 이동 중 문제가 발생하면 바로 연락하기로 했다.

"우리가 직접 모셔다 드리면 될 일인데 번거롭지 않겠니?"

창해 엄마가 황당한 얼굴로 물었다.

"그래, 여기서 아주 먼 거리도 아니고 애들이 처음 가 보는 것도 아니니까 한번 믿어 봅시다. 우린 어머니가 필요한 것만 잘 챙겨드리고 그날 잘 따라다니자고."

창해 아빠의 말에 창해 엄마는 더 이상 반대하지 않았다.

토요일 아침, 지우와 나는 먼저 만나 창해네 집으로 갔다.

"연우가 따라온다는 거 겨우 말렸어. 다행히 오늘은 아빠가 연우를 하루 종일 보기로 했어."

지우가 기분이 좋은지 활짝 웃으며 말했다.

창해네에 도착해 보니 할머니가 이제 막 외출 준비를 하고 있었다.

"오마니, 오늘은 좀 어떠시오."

창해 엄마가 할머니한테 옷을 입히며 물었다.

"기분 좋지비. 우리 손주하고 나들이 가니께."

할머니는 임진각에 가자고 했을 때부터 기분이 좋아 보였다고 했다. 유독 할머니의 정신이 맑아 보였다.

"창해야, 할머니가 이상한 말이나 행동 하면 바로 연락해야 해. 아니면 지금이라도 통일전망대까지 아빠 차 타고 갈래?"

창해 엄마는 걱정 가득한 눈빛으로 할머니의 손을 잡고 우리를 바라보았다. 우리가 아무 대답 없이 시선을 딴 데로 돌리자 창해 엄마가 허탈해하며 말을 이었다.

"아이고, 누가 창해 친구 아니랄까 봐 고집들이 대단하네."

그러고는 할머니의 물건을 넣은 배낭을 건네주었다. 창해가 배낭을 메면서 말했다.

"할머니, 출발할까요?"

"출발!"

할머니가 한 팔을 들며 힘차게 외쳤다.

"오늘은 그래도 컨디션이 좋아 보이시네. 천천히, 조심히 가야 한다. 우리도 곧 따라갈게."

우리는 창해 부모님과 인사를 하고 버스정류장에서 버스를 탔다. 다행히 버스에는 사람들이 많지 않았다. 우리 셋은 할머니를 안전하게 모셔야 한다는 마음 때문인지 할머니 곁에 딱 달라붙어 앉았다.

경전철 출발시각에 딱 맞춰 문산역에 도착했다. 곧장 출발 준비 중인 경전철에 타서 앉았다. 그러고는 정확히 10분 후 임진강역에 도착했다.

임진강역 개찰구 앞에는 창해 부모님이 먼저 도착해 기다리고 있었다. 여전히 신나 있는 할머니의 얼굴을 확인해서인지 창해 엄마의 얼굴도 밝았다.

우리는 통일전망대 표지판을 보고 천천히 걸었다. 할머니는 길가의 국화꽃들을 보며 발길을 멈추기도 했다.

천천히 길을 따라 걷다 보니 통일전망대가 보였다.

"할머니, 북한 땅이 보여요."

창해가 망원경에 준비해 온 동전을 넣고 할머니의 손을 끌었다.

"그래, 그래. 하루 종일 저기만 보고 있어도 좋겠음둥."

할머니는 떨리는 손으로 망원경을 꼭 잡은 채로 북한 땅을 한참 바라보았다. 마치 망원경 안으로 빨려들어갈 것처럼 얼굴을 가까이 대고 있었다.

"저기 추수하고 있지비. 저거이 소 아님둥? 아즉 농사를 소로 짓네."

할머니는 망원경에서 눈을 떼지 않고 보이는 것을 실시간으로 중계하듯 말했다.

"할아방, 할아방!"

바로 그때, 갑자기 할머니가 손을 휘저으며 소리쳤다.

"할머니, 할머니! 왜 그러세요."

창해가 할머니 팔을 부여잡았다. 옆에 있던 우리는 덜컥 겁이 났다.

"저기, 저기 할아방을 떼어 가고 있음둥. 어서라 가서 붙잡아지비."

할머니가 망원경 앞의 난간을 넘어가려고 발버둥을 쳤다.

그러자 창해 부모님이 달려와 할머니를 겨우 진정시켰다. 주변 사람들이 놀라 당황하자 창해가 사람들에게 상황을 설명했다.

"저희 할머니는 치매를 앓고 계세요. 오랜만에 고향 땅을 보셔서 옛 생각이 나신 것 같아요."

지금껏 할머니를 부끄럽게 생각했던 창해가 아니었다. 이제는 할머니를 누구보다 사랑하는 창해로 보였다.

창해 엄마가 배낭에서 알약을 꺼내 할머니에게 먹였다. 잠시 후 정신이 돌아왔는지 할머니의 눈빛이 맑아져서 조금 더 고향을 보고 싶다고 했다.

다행히 할머니는 망원경을 다시 잡고 조용히 고향을 바라보았다. 그러는 동안 할머니의 얼굴에 미소가 그려지기도 슬픔이 묻어나기도 했다. 그런 할머니의 모습을 보며 우리는 할머니를 모셔오길 잘했다며 서로 눈빛을 주고받았다.

집에 돌아갈 때는 창해 부모님의 차를 탔다. 뒷좌석에 할머니와 딱 붙어 앉았지만 왠지 하나가 된 것 같아서 기분이 좋았다.

창해네 집에 도착해 할머니를 먼저 내려드렸다.

"있잖아, 오늘 일이 할머니한테 도움이 되었을까? 괜히 할머니를 더 슬프게 한 건 아닐까?"

할머니가 행복해하는 모습을 봐서 좋았지만 한편으로는 슬퍼하는 모습도 봐서 왠지 미안한 마음이 들었다.

"아니야, 아까 좋아하시는 거 봤잖아. 북한 땅을 바라보기만 해도 좋다고 하셨어."

창해의 대답에도 나는 집에 돌아가는 동안 마음이 안 좋았다.

"눈으로 바로 볼 수 있는데 만나지 못하다니 너무해."

망원경 앞에 오랫동안 서 있던 할머니의 얼굴이 계속 떠올랐다.

"남한으로 넘어온 이들은 이곳에 잘 정착하더라도 북한에 남은 가족들을 걱정할 수밖에 없어. 그래서 북한에 남은 가족들을 남한으로 데려오는 사람들도 있어."

태곤이었다. 이젠 놀랍지도 않은 등장이다.

"그럼 내가 대신 창해 할아버지랑 삼촌 소식을 알 수 있는 방법은 없을까?"

"내일이면 벌써 5주가 돼. 이제 가야겠지? 그동안 나름 의미 있는 일을 했던 건 인정하지."

태곤은 엄지척을 했다.

"그럼 부탁 한번 하자. 북한에 가서 창해 할아버지랑 삼촌이 어떻게 살고 있는지 보고 오게 해 줘."

"뭐? 안 돼, 그건. 규칙 위반이야."

태곤이 두 팔을 휘저었다.

"하루면 되잖아. 그냥 알아보고 할머니 꿈에 네가 나와서 알려 주면 되지 않아? 넌 할 수 있잖아."

나는 태곤의 팔을 잡고 애원했다. 이대로 떠나면 창해와 할머니한테 미안한 마음을 지울 수 없을 것 같았다.

"안 된대도, 참……."

태곤의 목소리가 점점 누그러졌다.

"아무도 모르게 다녀오자, 우리. 나 에이브러험 링컨이 남과 북을 오갈 수 없다는 건 말이 안 되잖아. 남과 북의 화합은 이렇게 사소한 것부터 시작되는 거라고."

"허허, 참."

태곤은 마지못해 눈을 딱 감았다. 그러자 내 몸이 두둥실 떠오르는 느낌이 들었다. 아니, 정말 몸이 떠올랐다.

주위로 5주간 정들었던 다목적실과 교실, 창해, 지우, 연우, 창해네 집의 모습이 스쳐지나갔다.

"창해야, 꼭 통일이 되어 할머니와 북한에 다녀오길 바랄게."

나는 통일전망대에서 사온 그림 한 장을 창해의 머리맡에 두었다. 빨강과 파랑을 섞어 칠해서 하나가 된 한반도 그림이었다.

"지우야, 넌 리더가 될 자격이 충분한 것 같아. 넌 무엇이든 할 수 있는 아이야."

지우의 책상 위에 내 위인전을, 그러니까 에이브러험 링컨의 위인전을 올려 놓았다.

"큭큭, 내일 일어나서 이거 보면 황당해하겠는데?"

내 말에 태곤, 아니 카론이 웃음을 참았다.

아쉬움이 없지 않았다. 그럼에도 아이들이 화합하는 모습을 직접 지켜본 것만으로 더 나은 미래를 만든 것 같아 만족했다. 그러고는 카론의 손을 잡고 북으로, 북으로 날았다. 지구상 유일한 분단국가의 남과 북에 나, 링컨의 발자취가 새겨지는 순간이다.

미국이 하나가 된 것처럼, 대한민국도 하나가 되었다는 소식을 빨리 듣고 싶다. 그러면 나의 할 일도 끝이다.

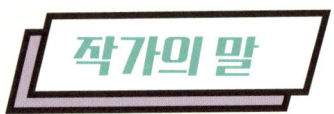

원고를 마감하고 미국 여행을 하게 되었습니다. 미국에 있는 동안 워싱턴의 링컨기념관을 찾았습니다. 링컨 동상은 웅장하고 몹시 높았습니다. 지금까지 링컨은 세계인의 마음속에 진정한 지도자로 존경받고 있습니다.

"우리가 서로에 대한 사랑을 가지고, 서로 받은 상처를 메워 주고 닦아 주고, 이걸 통해서 치유하고 화해해 나가야 한다."

저는 그의 수많은 명언 중에 이 두 번째 대통령 취임사를 좋야합니다. 승자의 오만함은 찾아볼 수 없습니다. 이처럼 링컨은 처음도 끝도 모두 국민뿐이었습니다. 링컨은 생애 동안 '모든 사람은 평등하다' 는 원칙을 실천했습니다.

링컨을 만나면서 분단된 우리나라를 생각했습니다. 같은 민족이면서도 세계에서 서로를 가장 이해하지 못하는 민족, 부모와 형제가 서로 떨어져 안부조차 묻지 못하는 나라에 지금 우리는 살고 있습니다.

그런데 안타깝게도 주변을 살펴보면 작은 일에도 편을 가르는 모습이 많이 보입니다. 같은 아파트에 산다고, 같은 유치원을 나왔다고 같은 편이 되고 다른 아이들을 따돌리기도 합니다. 어른들은 좌우로 나누고, 흑과 백으로 나누고, 동서로 나누고, 남북으로 나누고……. 그렇게 가르다 보면 서로에게 씻을 수 없는 상처를 주기도 하고 오해는 풀리지 않는 매듭이 되는 경우가 많습니다.

작품 속에서 창해와 지우는 사소한 오해로 인해 사이가 멀어집니다. 서로 미워하면서 오해만 쌓여 갑니다. 리건은 그런 두 사람을 안타깝게 생각하며 화해를 할 수 있도록 애씁니다. 창해와 지우 사이에서 둘을 화해시키는 리건의 역할은 아주 중요합니다. 누군가는 그런 일들을 오지랖이라 하지만 친구를 위해 진정한 마음으로 하는 일은 오지랖이라 할 수 없습니다. 리건은 누구보다도 화해하고 화합하는 것이 중요하다는 걸 알고 있습니다. 리건에겐 링컨의 생전 정신이 깃들어 있기 때문이죠.

친구들의 생각과 내 생각이 다를 수도 있고 친구들이 나를 이해하지 못할 수도 있습니다. 하지만 먼저 이해하고 화해하고자 하는 마음을 가진다면 서로 등을 돌리는 일은 없을 거예요. 작은 화해부터 실천하다 보면 언젠가 남과 북도 화해가 가능하겠지요? 하루 빨리 그런 날이 오길 두 손 모아 빌어 봅니다.

2024년 5월

박남희